컴퓨터 가게 사장이자 유튜버의 좌충우돌 성공기

능력도 운발도 보통입니다만

허수아비

지 ★ 음

비즈니스맵

Contents

글을 시작하며… 8

제1부 ★ ★ ★ ★ ★ ★ ★
자영업이라는
전쟁터에서 살아남기

제2부 ★ ★ ★ ★ ★ ★ ★
유튜브는 성공의
또 다른 기회

제3부 ★ ★ ★ ★ ★ ★ ★
성공으로 가는
길고 험난한 길

글을 시작하며…

합정역 근처에 자리 잡은 가게에서 공덕오거리에 있는 집으로 운전해서 가는 퇴근길에는 두 가지 경로가 있다.

첫 번째는 합정역에서 상수역을 거쳐, 대흥역을 지나 공덕오거리로 가는 경로이다.
3.5km 정도의 거리로, 저녁 7시 퇴근길에 오르면 20분 정도 걸린다.
지도 애플리케이션에서도 추천하는 가장 거리가 짧고 시간이 적게 걸리는 경로라서 항상 이용하지만, 뭐랄까… 매우 심심한 경로이다.

두 번째는 홍익대학교와 신촌오거리를 지나 서강대학교를
거쳐서 가는 경로이다.

4.3km 정도의 거리로, 첫 번째 경로보다 5분 정도 시간이 더
소요된다.

홍대 앞의 신호가 길어질 때는 10분 정도 시간이 더 걸릴 때
도 있지만, 금요일과 토요일 퇴근길에는 자주 이용하는 경
로이다.

거리도 멀고, 시간도 더 걸리는 두 번째 경로를 굳이 이용하
는 이유는, 어느 비 오는 날 우산 없이 직접 비를 맞고 싶은
것과 같은 낭만이나 일탈의 기분을 느끼고 싶어서인 듯하다.

상암동에서 합정동으로 매장을 이전하고 1년간 그렇게 두 가
지 퇴근길 경로를 이용하던 중 언젠가 문득 '음, 오늘은 강변
북로로 한번 퇴근해볼까?' 하는 생각이 들었다.

강변북로를 이용하는 경로는 5.8km 정도의 거리로, 첫 번째 나 두 번째 경로와 비교해도 거리만큼 멀리 돌아가는 경로이기도 하고, 퇴근길 강변북로의 교통체증에 들어가 버리면 당최 빠져나올 방법이 없을 것 같아서 애초에 생각조차 하지 않던 경로였다.

그런데 그날 저녁 7시, 양화대교에서 서울 시내로 향하는 강변북로는 아름다웠다.

저 멀리 여의도가 보이기 시작하면서 건물 전체를 휘감은 조명으로 존재감을 뽐내는 IFC 건물들을 만날 수 있었고, 어릴 적 교과서에서나 보던 국회의사당도 마음껏 볼 수 있었다. 서울에서 두 번째로 높은 건물이라고 하는 파크원 타워도 만날 수가 있었다.

지는 해가 아쉬워 황금빛으로 마지막 인사를 하는 63빌딩과 한강의 잔파도에 비치는 불빛들도 반가웠다.

그렇게, 짧아서 아쉬운 퇴근길 여행을 하고 집에 도착해보니, 어찌 된 일인지 가장 짧은 첫 번째 퇴근 경로보다 10분이나 일찍 도착했다.

가장 거리가 멀어 시간도 당연히 더 걸릴 것으로 생각했던 강변북로를 타고 가는 세 번째 퇴근길 경로인데, 막상 경험해 보니 가장 빨리 갈 수 있는 경로였던 데다가 그토록 찾아다니던 낭만과 휴식을 주는 경로였다.

이 길을 더 일찍 나에게 알려준 사람이 있었더라면, 좋았을 텐데….

내가 처음 매장을 합정동으로 이전했을 때, 나와 똑같은 경로로 먼저 다녀본 사람이 지도에서 가장 거리가 짧은 길보다 거리는 더 멀지만 더 행복한 경험을 주는 경로가 있다고 가르쳐 줬더라면….
어쩌면, 나는 지난 1년간 더 행복하게 퇴근할 수 있었을 텐데 말이다.

20년 전 나의 철없는 20대가 끝나가던 그 날에, 용기는 넘쳐났지만 어설펐던 그 날에, 내가 장사라는 것을 처음 시작하던 그때, 나에게 더 슬기롭고 멋진 경로를 안내해주는 이가 있었다면 나의 30대는 조금 더 여유롭고 행복하지 않았을까?

이제 나는 20년 전의 나에게는 전해 줄 수 없는 '나의 실패했고, 버텨냈고, 성공했던 경험과 그 방법'을 그때의 나처럼 새롭게 도전하는 그대들에게 먼저 그 경로를 걸어본 선배의 마음으로 알려주고자 한다.

내일, 어제와 다른 경로로 용기 있게 걸어가 볼 준비가 되어
있는 사람에게라면, 나의 이야기가 조금은 도움이 되지 않을
까, 하는 바람을 담아 이 책을 시작한다.

2021년 8월 21일 토요일 저녁,
허수아비

능력도 운빨도
보통입니다만

제1부
자영업이라는
전쟁터에서 살아남기

완전한 실패

대전시 갈마동의 한 골목. 폐업으로 철거 중인 한 건물 지하 피시방 입구에 멍하니 한 남자가 서 있다. 한 대당 150만 원을 주고 산 삼성 컴퓨터는 5년 만에 15,000원짜리 고물이 되어 1.5t 트럭의 짐칸에 던져지고 있다. 그 남자에게 남은 건 철거업자에게 중고 컴퓨터를 팔고 받은 40만 원 정도를 더해도 전부 500만 원인 저금과 그보다 몇 배가 되어 버린 마이너스 통장의 마이너스 잔액, 그리고 카드빚들.

하지만 그해 2006년 여름, 그는 포기하지 않았고 절망하지도 않았다. 5년 전 호기롭게 사표를 내고 시작한 피시방의 철거 현장 앞에서도 좌절하지 않았다.

서울에서 대전에 온 것은 1999년이었다. 정확히 말하면, 오게 되어버렸다. 당시에 다니던 유통 회사에서 대전, 충청 지역에 편의점 사업부를 별도로 두기로 하여 그 사전 작업을 하기 위해 다른 직원 몇 명과 함께 대전 지역으로 발령을 받아서 오게 된 것이었다. 그때 어느 직장인에게나 한 번은 찾아온다는 '사표 내버림'의 유혹을 떨치지 못하고, 나는 피시방 사장의 길을 선택하였다.

저금 500만 원.

보증금 2,500만 원짜리 임대 아파트.

7년 탄 주행거리 10만km의 1,300cc 라노스 승용차.

갓 유치원에 다니기 시작한 딸.

회사원과 결혼했는데, 실업자의 부인이 되어 버린 아내.

그리고 서른여섯 살이라는 적지 않은 나이.

이것이 2006년, 호기롭게 시작한 피시방을 끝내면서 나에게 남은 전부였다. 먼저 낸 피시방 보증금 500만 원은 월세 대신 빼먹고 사라진 지 오래였다.

아, 그리고 하나 더 남은 게 있었다. 살아남아야 한다는 투지. 어떻게든 내 식구를 굶기지 않아야 한다는 필사의 투지. 저녁 퇴근길마다 일곱 살 딸아이에게 문방구에서 파는 500원짜리 과자 하나, 당시 어린이들 사이에서 유행한 애니메이션 '피치피치' 스티커 하나라도 사갈 수 있어야 한다는 아빠로서의 무한한 책임감. 하지만 서른여섯 살의 나에게 남은 빈 통장은 딸을 위해 천 원을 쉽게 쓰는 것도 허락하질 않았다.

통장 잔액은 마이너스였지만, 나를 사랑하고 내가 책임져야 할 아내와 갓 유치원에 입학한 딸아이가 있었기에 나는 절대로 포기할 수 없었다. 처절한 첫 번째 실패는 두 번째 도전의 밑거름이 되어줄 것이고, 첫 번째 도전의 교만함은 두 번째 도전에 겸손을 더해 줄 것이었다. 그렇게 믿었다.

그 후, 무조건 대전에 있는 전자 상가에 찾아갔다. 그중 어느 한 컴퓨터 부품 판매 가게 사장님과 인연이 닿아 월급도 받지 않고 그 가게 물건들을 영업하는 일을 시작했다. 대전 온 동네 피시방을 돌아다니며, 직접 만든 전단을 돌리면서 키보드 하나라도 사달라고 부탁했다. 3일 만인가 처음으로 둔산동의 어느 피시방에 파워 서플라이Power Supply라는 피시PC 부품 10개를 팔게 되었다. 수익은 파워 서플라이 1개당 2천 원. 3일을 꼬박 돌아다녀 번 돈은 2만 원이 전부였다.

그리고 한 달 후쯤, 운 좋게도 대전 궁동의 어느 피시방에 컴퓨터 50대를 납품하게 되었다. 월급을 받지 않고 일했던 나는, 컴퓨터 판매장의 한구석에 탁자 하나 놓을 자리를 허락받고 3일을 꼬박 손 드라이버를 사용해서 컴퓨터 50대를 조립하였다. 모든 부품을 그 매장에서 구매하는 조건이었는데, 참으로 야속하게도 그 컴퓨터 가게 사장은 전동 드라이

버 하나 빌려주지 않았다. 당시 전동 드라이버 하나 살 돈도 아쉬워서 맨손으로 PC 50대를 혼자 3일 만에 조립하였다. 전자 상가 주차장의 무료 주차 시간은 두 시간뿐이라 계속해서 차를 주차장 밖으로 뺐다가 다시 넣어가며, 그렇게 50대를 조립했다.

컴퓨터를 납품하는 날, 배송 차를 부르는 돈이 아까워, 당시 개인 택시를 하던 친구에게 컴퓨터 운반을 부탁했다. 택시와 나의 차에 컴퓨터 50대와 무거운 CRT 모니터를 싣고 대전 만년동과 궁동을 몇 번 왕복하며 날랐다. 엘리베이터가 없는 건물이라 피시방이 있는 3층까지 그것들을 들고 계단을 오르내리며, 직접 설치하느라 애먹었다. 그렇게 처음으로 200만 원 남짓 되는 돈을 벌었다.

피시방이 망하고 두 달 만에 집에 생활비다운 돈을 가져다주게 되었다. 하지만 여전히 내 통장에 남은 돈은 500만 원이었다. 이렇게는 퇴근길마다 과자를 사다 주는 아빠가 되기 힘들겠다는 생각이 들었다. 하지만 좌절하지 않았다. 그리고 다시 새로운 도전을 하기로 마음먹었다.

그 길로 동네 '벼룩시장'을 뒤지며 적당한 가게 자리, 물론 컴퓨터 판매장을 열 자리를 찾기 시작했다. 그렇게 찾은 곳이 '허수아비 컴퓨터'의 전신인 'J 컴퓨터' 가게 자리였다. 대전 노은동의 이면 도로에 실평수 10평짜리 매장이 하나 있었다. 기존에 화원꽃가게을 하던 곳인데, 장사가 되지 않아 내놓았다고 하였다. 문을 열고 들어가 보니, 가게 유리문 위쪽에 '부적'이 여러 장 붙어 있었다. 나중에 알고 보니, 전에 가게를 운영하던 사람이 붙여 놓은 것이라고 했다. 가게를 접고 새로운 임차인을 찾아야 했는데, 너무 가게가 나가지 않아 '가게가 빨리 나가는 부적'을 붙여 놓은 것이었다.

주 통행 도로 근처도 아니고 행인도 거의 찾아보기 힘든, 흔히 말하는 A급 상권이랑은 거리가 먼 곳이었다. 그 흔한 편의점이나 '김밥천국'도 찾아보기 힘든 곳이었다.

가게에 배치해야 하는 필수적인 가구들은 인터넷 쇼핑몰에서 저렴하고 튼튼한 것들만 골라, 6개월 할부로 구매하였다. 가게 운영에 필요한 기초 상품들은 피시방을 운영하던 시절 알게 된 컴퓨터 판매장을 운영하는 사장님 한 분이 고맙게도 외상으로 물건을 대주기로 하였다.

원래 그 가게의 월세 보증금은 천만 원이었지만, 당장 부족한 자금 탓에 건물주에게 사정사정하여 월세를 5만 원 올리기로 하고 보증금을 500만 원으로 줄였다. 우리 가족의 통장에 남은 전 재산은 500만 원에 몇만 원 더한 정도였다. 당장 생활비와 페인트칠할 돈도 없었는데, 용인에 살고 있던 큰 형수님이 선뜻 내주기 쉽지 않은 돈을 빌려주셨다. 그 돈, 500만 원을 더해 'J 컴퓨터' 간판 대금 300만 원과 당장 필요한 생활비를 충당하였다. 그렇게 시작했다.

사실상 거의 무일푼인 상황에서, 아빠의 퇴근을 '초롱초롱한' 눈으로 기다리는 유치원 다니는 딸에게 실망을 주지 않아야겠다는 일념으로 시작하였다. 지금이야 쉽게 이야기하지만, 내 인생에서 가장 힘들었던 나날이었다.

실패를 딛고
일어설 준비 하다

운영하던 피시방이 쫄딱 망하고 새롭게 시작한 컴퓨터 판매장의 운영은… 힘들었다. 많은 사람이 이야기하는 것처럼, 장사를 시작하고 6개월은 자리를 잡는 데 필요한 시간이다. 그래서 본전치기도 힘들 거라고 많이들 이야기하는데, 당시의 나에게는 6개월은커녕 당장 한 달도 버틸 자금이 없었다. 나름대로 풍족한 자본을 가지고 시작한 피시방 창업 때와는 다르게 통장 잔고 100원까지 빼내고, 500만 원을 형수님한테 빌린 데다가 가게 안의 모든 상품은 외상으로 채운 마당에 6개월을 마음 편하게 기다리고 있을 여유 같은 건 없었다.

출근은 아침 7시, 퇴근은 저녁 9시, 그렇게 장사를 시작했다. 피시방도 아니고 편의점도 아닌 컴퓨터 판매장에 아침 7시에 손님이 올 리는 없었다. 하지만 손님이 있건 없건, 아침 7시에 문을 열고 저녁 9시에 퇴근하기를 몇 달 지켜나가자 그 이른 시간 출근길에 컴퓨터 수리를 맡기고 마우스 하나,

키보드 하나 사가는 손님들이 생기기 시작했다. 하루에 한 명, 첫 두 달 동안 매장을 찾아온 손님의 숫자다. 손님이 하루에 한 명이라도 방문하면 너무 기뻤고, 퇴근길에 아내에게 그렇게도 자랑했다.

처음 컴퓨터를 팔았던 날도 기억이 난다. 당시에는 조립하는 데 필요한 부품을 매장에 미리 준비하고 있을 여유가 없었다. 조립 의뢰를 받으면, 오토바이 배송료 6천 원을 아끼기 위해 잠시 매장 문을 잠그고, 대전 전자 상가에 물건을 가지러 갔다. 매장에 직원을 둘 형편이 아니었다. 아내는 갓 유치원에 들어간 아이 뒷바라지를 해야 했고, 버스 노선조차 지나지 않으니 가게에 출근할 방법이 없었다.

처음 컴퓨터를 판 날은 기쁨보다 걱정이 앞섰다. 이렇게 기분 좋은 날이 또 올 수 있을까. 이렇게 컴퓨터를 팔고 퇴근길에 딸에게 스티커를 사다 줄 수 있는 날이 또 올까….

그렇게 나는 대전에서 '더는 물러설 곳 없는' 마음으로 컴퓨터 판매, 수리 가게 운영을 시작했다.

평정심을
지켜라

장사를 시작하는 사람들, 그리고 장사를 하고 있지만 자리를 잡지 못한 사람들이 부족한 나에게 장사에 관해 물어보러 오는 경우가 가끔 있다. 나는 그들에게 장사를 잘하는 방법보다 장사하며 절대로 하면 안 되는 것들에 관해 주로 이야기한다. 그와 관련해 나에게도 큰 경험으로 와닿은 15년 전의 이야기를 하나 할까 한다.

대전에서 컴퓨터 가게를 시작하고 2년인가 됐을 무렵인 듯하다. 어느 날 퇴근을 30분 정도 앞둔 시간에 가게로 전화가 걸려왔다. '대전 K 대학교의 행정실 직원인데 이번에 컴퓨터 50대를 한 번에 주문해야 한다. 구매 기안서를 작성해야 하는데, 컴퓨터에 관해 아는 것이 너무 없다. 이것저것 물어봐도 되나'라는 것이었다. 50대를 팔 수 있다면, 무엇을 못 하겠는가.

'CPU라는 게 무엇인가, RAM이라는 게 무엇이고 얼마나 필요한가'부터 컴퓨터를 청소하는 방법까지 퇴근 시각을 한 시간 더 넘겨 거의 두 시간 가까운 시간 동안 하나하나 질문에 성심으로 답해주었다. 통화 내내 K 대학교 직원이라는 사람은 나의 설명 하나하나에 맞춤형 리액션을 해주며, 계속 새로운 것을 하나 더, 하나 더 물어보았다.

'사장님처럼 이렇게 친절하게 설명해주는 가게는 처음이다. 너무 감사하다'라는 말도 잊지 않으며 계속 답변을 부추겼고, 마지막으로 견적서를 팩스로 보내 달라고 했다. 그리고 '이 사양이면 분명히 사장님한테서 컴퓨터를 구매하겠다. 내일 학과장님께 결재를 올리고 며칠 후에 주문할 테니, 기다려 달라'라고 했다. 학교 전화번호를 알려달라고 했지만, 사무실 전화라 받기 힘드니 내일 다시 전화하겠다는 말을 남기고, 통화는 끝이 났다.

이렇게 큰 계약 건을 처음 상담해봤기에 들뜬 마음으로 집에 왔다. 왜 이렇게 퇴근이 늦었냐는 아내의 물음에, 신나서 답했다.

"아주 큰 계약을 하게 됐어. 드디어 우리한테도 행운이 찾아온 것 같아. 며칠 후에 납품할 것 같으니까, 조금만 참으면 돼. 마이너스 통장도 좀 메우고, 고기도 먹으러 가자."

들뜬 마음으로 밤을 보내고 하루, 이틀, 일주일, 그리고 또한 번의 일주일을 더 기다렸다. 그러나 연락은 오지 않았다. 그 행정실 직원은 두 시간의 전화 통화로 내가 가지고 있던 컴퓨터 지식 중 자신이 필요한 부분을 모두 공짜로 가져간 것이었다. 그리고 그에 딱 맞는 맞춤형 부품을 선정한 견적서까지…. 어쩌면 그는 그 견적서를 들고 이 매장 저 매장 돌아다니며, 나에게 들은 컴퓨터 상식까지 더해 더 좋은 견적을 받았을 것이다.

이해는 간다. 컴퓨터를 구매하며 아무것도 모르는 상황에서 이런저런 정보를 구하는 것은 구매자의 입장에서는 어쩌면 당연히 해야 하는 일일 테니. 하지만 나의 시간은, 상담하느라 흘려보낸 소중한 내 시간은 어떻게 해야 하나. 최소한 기대감이라도 주지 말고 학교의 구매 계획이 취소되었다는 거짓말이라도 해주었으면, 우리 가족의 허튼 기대는 접을 수 있었을 것을….

장사를 처음 시작하려는 사장님들에게 이 이야기를 꼭 해주고 있다. 계약서에 사인하고 선금을 받을 때까지, 그것은 당신의 매출이 아니다. 평정심을 지켜라. 그래야 실망감도 줄어든다.

능력도 운빨도
보통입니다만

손님이 가르쳐준
서비스의 원칙

피시방을 운영했던 시절의 이야기이다.

2000년 초반 '리니지'와 '디아블로', '스타크래프트'가 지배하던 피시방에 3D를 가장한 화려한 2D 그래픽으로 혜성처럼 나타난 온라인 게임이 있었다. 그 게임의 이름은 '뮤 온라인'이었다. 당시 그 게임을 즐겨 하던 단골손님이 있었다. 뭔가 특별한 직업을 가지고 계시는지 낮 시간을 거의 우리 피시방에서 보내며, 가끔 심각한 통화를 하러 잠시 나갔다가 다시 들어와서는 또 열심히 게임을 하곤 했던 손님이었다. 그 손님의 게임 속 아이디는 '외로운 칼침'이었다.

1년 넘은 단골손님이라서 다른 단골손님들에게 해드리는 것 이상으로 아르바이트생들에게 단골 특별 우대 서비스를 해드리라고 이야기해 두었다. "3,100원, 5,200원 이런 식으로 뒤에 1~2백 원 나오는 건 그냥 깎아드려, 단골이시니까"라고 일러둔 것이다. 몇 달을 그렇게 잔돈이지만, 꾸준히 혜택을 드렸다.

그리고 한참이 더 지난 어느 날 '외로운 칼침' 손님이 재떨이 청소를 하고 있는 나에게 조용히 다가와서는 심각한 얼굴로 이야기했다.

"사장님, 너무 섭섭하네요. 내가 이 피시방에 온 지 1년이 넘었는데, 어떻게 사장님은 피시방 요금 한 번 깎아주질 않으세요."

아니, 이게 무슨 소리인가. 누구보다도 더 많이 신경 썼고, VIP 특급 대우를 해드렸는데 말이다. 당연히 피시방 요금도 매번 깎아드렸는데, 이 무슨….

"아니, 무슨 말씀이세요. 매번 요금 계산할 때마다 몇백 원은 그냥 다 깎아드렸는데요?"

그간의 할인 내용을 관리용 컴퓨터 화면으로 보여드리자, 한참 그 화면을 보고 있던 외로운 칼침 님은 이런 이야기를 남겼다.

"사장님, 손님이 알지 못하는 서비스는 서비스가 아니에요. 1,000원을 깎아줘도 손님이 그것을 알지 못하면 그 손님은 서비스를 받지 않은 것입니다. 100원을 깎아주더라도 손님이 알게 해야 그 손님은 기분 좋은 서비스를 받은 거예요. 친절을 베풀고 배려해줄 때는 상대방이 분명히 그 사실을 알 수 있게 해주어야 주는 사람도 받는 사람도 좋은 거예요."

그렇다. 김밥집 단골손님에게 달걀지단을 한 장 더 넣어드릴 때 "자주 오시는 분이라서 달걀지단 한 줄 더 넣었어요." 한마디 하고, 피시방 단골손님에게 요금 깎아드릴 때 "8,200원 나왔는데 저희 사장님이 손님은 꼭 깎아드리라고 하셔서 200원은 깎아드릴게요"라고 서비스 내용을 손님에게 꼭 알려줘야 한다. 미용실 단골손님에게 영양 샴푸 서비스해드릴 때도 "단골이시니 영양 샴푸 한 번 더 해드릴게요." 한마디 해야 손님이 더 기분 좋게 서비스받고 돌아가고, 다시 기분 좋게 우리 가게를 찾는다. 단지 생색을 내라는 것이 아니라 서비스를 주는 쪽과 받는 쪽 모두 기분 좋은 결과를 도출하기 위함이다.

100원이라도, 츄파춥스 사탕 하나라도 대가 이외에 서비스로 주는 것이라든지 특별히 신경 써주는 것이 있다면, 꼭 상대가 그것을 인지할 수 있게 알려주어야 한다. 그 가르침을 피시방 단골손님에게 배웠다.

외로운 칼침 님의 직업은 개인 금융업이었다. 흔히들 '사채업'이라고 부르는….

작은 친절도
중요하다

대전에서 운영했던 컴퓨터 매장 바로 길 건너편에는 '노은중학교'가 있었다.

이 학교에서는 거의 2주에 한 번꼴로 토요일이면 토익 시험, 한국사 시험, 각종 자격증 시험, 공무원 시험을 치렀다. 시험을 치르는 토요일이 되면, 대전을 비롯해 충남 각지에서 몰려든 수험생들 덕에 잠깐이지만 어느 번화가의 중심에 내 가게가 있다는 착각에 빠지기도 했다. 하지만 바쁜 걸음의 수험생들은 편의점도 아닌 컴퓨터 가게의 매출에는 영향을 주지 않았다. 대신 시험이 있는 아침마다 매장에는 익숙한 풍경이 벌어졌다.

바로 수험증 인쇄.

"아저씨, 시험 치르러 왔는데, 수험증을 두고 왔어요.
프린트 좀 해주세요."

매장 연 지 얼마 안 되었을 때는 이런 상황에 당황했지만, 몇 번을 겪고 나서는 토요일 아침이면 프린터를 켜두고 꼭 한두 명 허둥지둥 매장을 찾는 수험생들을 기다리게 되었다. 물론 그 프린트물 한두 장 인쇄해주며 비용을 받은 적은 단 한 번도 없다. 비용도 많이 들지 않는데 거부하면서 벌어질 개인 사정이 딱해서 그냥 부탁을 들어주기로 했다.

급히 수험증을 인쇄한 학생들은 연신 고맙다는 인사를 하고 가게를 나서며, 누구 하나 빼먹지 않고 똑같이 이야기했다.

"아저씨, 시험 치르고 나오는 길에 음료수 하나 꼭 사 오겠습니다. 고맙습니다."

나는 그저, 이렇게 대답할 뿐이었다.

"네, 그렇게 하세요. 시험 잘 치르시고요. 빨리 들어가 세요. 시험 늦겠습니다."

그런데 16년의 세월 동안 이런 인사치레를 지킨 사람이 단 한 명도 없었다. 뭐, 1,000원짜리 음료수 하나 얻어 마시는 게 대수이겠냐만, 가끔은 섭섭할 때가 있었다. 시험을 치르고 나가는 홀가분한 마음이야 이해하겠지만, 그렇게 급할 때는 세상 모든 걸 다 줄 표정으로 부탁했으면서 음료수는 고사하고 집에 가는 길에 얼굴 들이밀고 '감사했다'라는 인사 한마디 하는 사람이 없을까. 첫 두어 해는, 참 그 섭섭함이 이루 말할 수 없었지만, 다섯 해가 가고 열 번의 해가 가면서 이해하기로 했다.

이런 사소한 친절이 가게 운영에 피해가 가고, 매출에 해를 끼쳤다고 생각지 않는다. 오히려 그렇게 조금씩 쌓은 친절이 손님의 마음에 가닿아 더 많은 손님을 끌어당겼다고 생각한다. 차츰 부담 없이 내 가게를 찾는 손님이 늘게 되었고, 그 한 명의 손님은 다시 더 많은 손님을 불러오면서 가게가 더 알려지게 되었다. 대개 동네 컴퓨터 가게는 과하게 마진을 남기고 판다는 의심을 받는다. 하지만 의미 없을 만큼 작은 손해가 그러한 의심을 거두게 했다고도 생각한다. 분명 과도한 손해를 감수하고 서비스하는 것은 가게 매출에 해를 끼치겠지만, 친절을 바탕으로 한 고객 응대는 반드시 긍정적인 영향으로 돌아온다.

지금은 서울로 이사 와서 토요일 아침 수험증 인쇄를 부탁하는 그 뻘건 얼굴의 학생들 모습을 볼 수 없게 되었다. 그래도 상암동에 있을 때는 토요일에 가끔 MBC 〈쇼! 음악중심〉 방청권을 프린트해달라는 어린 학생들이 그 자리를 대신하기는 했었다.

아마 토요일, 오늘도 대전 매장에는 준비도 제대로 못 하고 헐레벌떡 집을 나선 수험생들이 "아저씨, 시험 치르고 가는 길에 음료수 사 오겠습니다. 감사합니다"라고 하며, 수험증 인쇄를 부탁하고 있을 것이다.

가끔은 말로만 마시는 음료수가 그립다.

웬만하면 피하길 바라는
몇 가지 장사 유형

1 *365일 24시간 일하는 장사*

"보통 가게는 하루에 10시간만 돈을 벌지만, 우리 편의
점은 하루 24시간 365일 쉬지 않고 계속 돈을 법니다."

편의점 업계에서 예비 점주를 모집하고 교육할 때 하는 단
골 멘트다. 하지만 실상은 24시간 영업하기 때문에 24시간
만큼의 비용이 나간다고 보는 것이 맞다. 24시간 영업한다는
것은 24시간만큼의 인건비와 유지 관리 비용이 필요하다는
것이고, 하루 24시간 쉼 없이 매장 유지에 신경 써야 한다는
뜻이다.

아무리 목이 좋은 곳이라고 하여도 24시간 영업하는 곳
이 24시간 항상 장사가 잘되는 것은 아니다. 서울의 내로라
하는 뜨거운 장소에 자리 잡은 편의점들도 술자리가 끝나

는 새벽 2시부터 직장인들이 출근을 시작하는 아침 6시까지는 시간당 객수가 10명도 안 된다. 365일 24시간 영업은 프랜차이즈 회사의 이미지 관리와 전체 매출의 볼륨을 늘리기 위한 것이지 개별 점주들에게는 그다지 이익이 되지 않는 영업 형태이다.

긴 영업시간에 의한 수익 악화보다 24시간 영업의 더 큰 문제점은 점주의 건강을 해친다는 것이다. 어느 날 야간 아르바이트생이 무단결근이라도 하는 날에는 기껏 이불에 들어가 막 잠이 들려는 찰나에, 퇴근을 못 하고 있다며 울상이 된 저녁 아르바이트생의 전화를 받고 허둥지둥 뛰쳐나와야 하는 일이 벌어진다. 어느 날은 오전, 어느 날은 오후, 어느 날은 밤에 때와 시간을 가리지 않고 같은 일이 벌어질 수 있다.

24시간 장사하는 업종을 선택하는 순간 24시간 비용이 나가는 것에 덤으로, 개인 생활과 인간관계, 가족들과의 시간은 포기해야 한다. 어린 자녀들과 손 붙잡고 마음 편히 놀이 공원에 가는 것과는 완전히 이별해야 한다.

쉬면서 일할 수 있는 권리를 찾기 위해 우리의 조상님들은 그렇게나 노력했는데, 왜 우리는 다시 또 스스로 쉼 없는 인생으로 돌아가려고 하는지.

365일 24시간 영업의 대가는 가혹하다. 하지 마라.

② 법규, 규제가 많은 장사

장사를 처음 시작하는 사장님들은 사업자 등록증을 받고 본격적으로 장사를 시작할 때 생소한 여러 법규와 규제를 만나게 되면서 적잖이 당황하고는 한다. '동네에서 자그마한 가게 하나 운영하려는 데 이렇게 준비할 게 많은가?' 하고 말이다.

규제라는 것이 공공의 이익과 안녕을 위해 꼭 필요하다는 것에 이의를 제기할 수는 없다. 하지만 전혀 예상치도 못했던 어떤 규제가 모든 것을 걸고 시작한 장사에 돌이킬 수 없는 치명적인 한 방을 날릴 때, 전체를 위한 사회적 약속이니 당연히 감내해야 한다며 의연할 수 있을까?

"허허, 내가 실수로 그런 법규도 모르고 장사를 시작했구나. 다 내 잘못이니 내가 책임져야지"라고 순순히 받아들일 수 있을까?

대전에서 장사하던, 한 6년 전쯤에 있었던 일이다. 1층은 상가이고 2~4층은 주거 용도로 지어진 이면도로의 흔한 상가 건물 1층에 미용실이 입점하게 되었다. 미용실 사장은 부동산과 계약서를 작성하고 계약금과 보증금을 건물주에게 지급한 후, 인테리어 공사를 마치고 영업을 시작하였다. 사업자 등록증은 영업 시작 후 20일 이내에 받으면 되기 때문에, 간혹 장사를 시작한 후에 사업자 등록증을 발급받기도 한다. 그 미용실 사장도 며칠 후 사업자 등록증을 발급받기 위해 세무서에 들렀다. 그런데 세무서에서 사업자 등록증을 발급해 줄 수 없다고 통보받았다.

미용업이라는 업종은 사업자 등록증만 있으면 개업할 수 있는 일반적인 업종과는 달리, 추가로 몇 가지 서류와 준비가 필요하다고 한다. 미용업 창업 시 필요한 것은 아래와 같다.

1. 미용사 면허증
2. 영업신고증
3. 사업자 등록증
4. 공중위생업 신고

이 사례에는 4번 공중위생업 신고에서 문제가 발생했다고 한다. 공중위생업 신고를 획득하려면, 건축물의 원래 용도가 근린생활시설이어야 가능하다. 그러나 그 건물은 공중위생 업소가 들어올 수 없는 건물이었다. 부동산 중개인의 실수로 일이 벌어지고 만 것이다. 결국, 그 미용실은 사업자 등록증도 발급받지 못한 채 개업 1주일도 되지 않아 문을 닫게 되었고, 중개를 선 부동산 중개인도 임차인에게 많은 금액을 배상해야 했다고 한다. 바로 대전의 허수아비 컴퓨터 2호점이 있던 자리에서 벌어진 일이라, 나는 이 일화를 알게 되었다.

이렇듯 업종과 관련한 아주 기본적인 개업 절차와 법규, 규제에 관해 기본 조사조차 없이 개업을 준비하는 사람이 많다. 카페, 음식점, 헬스장 등에서 음악을 틀 때 제한받는 저작권법, 일회용 용기를 제한하는 규제처럼 환경과 안전 등 여러 목적을 위한 새로운 법이나 규제는 계속해서 늘어나고 있다.

최근 이슈가 되고 있는 규제 중 하나는 유리창에 인쇄물을 부착하는 것과 관련한 규제다. 아무리 내 매장이라도 광고물을 붙이는 것은 불법이어서 과태료 처분을 받게 된다.

소방법, 식품위생법, 청소년 보호법 등은 위반 시 특히 강력한 제재가 들어올 수도 있다. 청소년들에게 주류와 담배를 판매한 해당 영업장이 청소년 보호법에 따라 영업 정지를 당하거나 수백만 원의 벌금을 내게 되었다는 뉴스들을 자주 접하고, 또한 논쟁거리가 되고 있다. 나 또한 1997년, 당시 입사한 유통 회사가 운영하는 편의점 강남역점에서 현장 근무를 하던 중 교대 직원의 실수로 인해 같은 일을 겪은 바가 있다. 그때 처음으로 경찰차 뒷자리에 타보게 되었다.

물론 그것이 신분을 속인 청소년의 잘못인지, 혹은 속아서 팔았든 알고도 팔았든 영업장의 사장이나 직원이 잘못한 건지를 여기서 따지자는 것은 아니다. 하지만 편의점 현장 직원으로 2년여간 일한 경험과 가맹점 지원 업무를 했던 경험에 비추어 말하자면, 청소년인지 알면서 담배 한 갑, 맥주 한 캔 팔아 몇백, 몇천 원을 벌려고 수백만 원의 벌금과 수십 일의 영업 정지 위험을 감수하는 점주는 거의 없다고 말하고 싶다.

당연하지만, 사회 공공의 질서와 이익을 중시하는 기조는 더 강해질 것이고 그에 따라 벌금을 수반하는 규제는 점점 늘어나게 될 것이다. 단 한 번의 실수로 벌금을 내야 해서 누군가는 결혼 자금을, 누군가는 다음 달 아이의 대학 등록금을 내려고 몇 달간 부어온 적금을 포기하는 일이 실제로 발생한다.

어떤 장사를 시작할지 결정하기 전에, 내가 장사하고자 하는 업종이 어떤 법규와 규제에 영향을 받는지 깊이 알아봐야 한다. 그 법규들을 완벽하게 지켜나갈 자신이 없다면, 그 업은 포기하는 것이 맞다.

③ 사장 본인이 기술을 갖지 못하고, 인건비로 모든 걸 해결하는 장사

부의 편중을 어느 정도 막아주고, 사회적 약자를 배려하며, 구성원들 모두에게 최소한의 기본 소득을 보장하기 위해 지속해서 임금은 인상해야 한다. 나 역시 4~6명의 직원에게 월급을 주는 사장이지만 지속적인 급여 인상은 당연히 필요하며, 국가가 어느 정도 근로자의 급여 인상에 관여하여야 한다고 생각한다.

하지만 대부분 소상공인인 가게 사장 입장에서 그것이 머리로는 이해 가지만, 매달 줄어드는 통장 잔액을 확인할 때는 마냥 반길 일만은 아닐 것이다. 게다가 숙련된 기술자를 필요로 하는 업종을 운영한다면, 전체 운영비에서 인건비가 차지하는 부분은 절대 무시할 수준이 아닐 테다. 특히 매장을 운영하는 데 꼭 필요한 어떤 기술을 사장이 보유하지 못하고 있다면, 말할 것도 없다.

여러 차례 영상에서 말했듯이, 나는 어릴 때부터 회를 먹지 못한다. 지금이야 나이가 들어 모임에서 티 내지 않을 정도로 두세 점 먹는 시늉을 하긴 하지만, 여전히 회를 먹는 것은 나에겐 곤혹스러운 일이다. 그런데 아이러니하게도 나의 부모님은 마산에 있는 어시장에서 십수 년간 횟집을 운영하셨다. 내가 초등학생 때의 일이지만 아직도 그때가 생생하다.

당시, 회 뜨는 일을 하는 주방장 아저씨10살 남짓이었을 때라 그냥 아저씨라고 불렀었다 때문에 부모님이 여러 차례 속상해하시는 상황을 봐야 했다. 주방장 이저씨가 어느 날은 친구들과 밤새워 술을 마셨다며 출근하지 않았고, 어느 날은 몸살이 걸렸다고 출근하지 않았다. 횟집은 당일 생선의 신선도도 중요하지만, 회를 뜨는 사람의 칼 솜씨에 따라서도 맛이 달라져서 횟감 못지않게 주방장의 실력도 중요하다.

주방장 아저씨의 잦은 휴무는 월급을 올려달라는 무언의 시위였던 것을 조금 더 나이가 들어서 알게 되었다. 어릴 때 그 경험은 '사장은 모든 기술을 알고 있어야 하고, 자기 업장의 어떤 역할을 맡게 되어도 언제라도 수행해 낼 수 있어야 한다'라는 당연한 원칙을 나에게 알려주었고, 40년이 지난 지금까지 지키도록 했다.

숙련된 직원이 없으면 업무가 마비될 만큼 지식과 기술이 부족한 사장은 성공의 계단에 발을 내디딜 자격이 없다고 감히 말하겠다. 언제, 어느 상황에서라도 내 가게의 빈틈을 메울 수 있는 사장이 되어야 한다. 군대에서 장군을 '스페셜리

스트특별한 사람'라고 하지 않고 '제너럴모든 것을 잘하는 사람'이라
고 칭하는 이유를 명심하기를 바란다.

④ 유행 타는 제품을 파는 장사

카스텔라 전문점, 번빵 전문점, 생과일주스 전문점 등 전문점
이라는 이름을 내걸고 잠깐의 유행에 기대어 장사를 시작하는
사람이 많다. 그러나 대개는 다들 알고 있듯 실패한다.

흔히 대전을 '빵국'이라고 이야기한다. 다른 지역 사람들
은 대전을 '빵국'이라고 부르면 안 되지만, 나는 고향인 마산
보다 대전에서 더 오래 살았기 때문에 대전을 '빵국'이라고
불러도 괜찮다. 그러니까, 빵국의 대표적인 빵 전문점인 '성
심당'을 이야기할 때 가보지 않은 다른 지역 사람들은 '튀김
소보로' 한 가지만 파는 '소보로곰보빵 전문점'인 줄 아는 경우
가 많다. 하지만 실제로 대전 성심당에 가보면, 매스컴을 통
해 유명해진 튀김 소보로, 부추빵, 명란 바게트는 성심당에
서 취급하는 수백 가지 종류의 빵과 케이크 중 극히 일부일
뿐이라는 걸 알게 될 것이다. 나는 서울의 백화점에 입점해
있는 어느 유명한 베이커리를 가보더라도 성심당만큼 다양

한 빵을 취급하고 매달 새로운 빵을 꾸준히 개발해서 내놓는 곳을 본 적이 없다. 이처럼 엄청나게 큰 기업도 다양한 손님의 변화하는 요구에 부응하기 위해 새로운 제품을 다양하게 개발하여 소비자에게 선보이는데 말이다.

어느 외국에서 성공했다는 단일 아이템 하나에 혹해, 10년 이상 먹거리가 될 것으로 생각하고 앞다투어 가맹점을 개설하는 퇴직자들을 보면, 참으로 안타깝다. 안 된다. 망할 수밖에 없다. 유행은 말 그대로 유행일 뿐이다. 그 유행을 좇아 창업하는 많은 자영업자가 제대로 된 시스템도 갖추지 못한 프랜차이즈 본사에 가맹비와 인테리어 공사비 명목으로 수천만 원, 수억 원을 깊은 고민도 없이 내놓는다. 그러고서 기껏 받아 든 레시피는 어느 블로거의 레시피를 보고 베낀 수준이고, 운영 노하우라는 것은 어느 유명 편의점의 것을 복사한 수준이다. 평당 500만 원을 주고 공사한 인테리어는 누가 봐도 두배 이상 덤터기를 쓴 듯 허술하다.

TV에서 보는 어느 시장의 유명 떡볶이집 사장도 실상은 떡볶이 하나만 파는 게 아니고, 김밥이나 튀김 등 다양한 상품을 개발해서 함께 판매한다. 평생을 먹는 쌀밥도 똑같은 반찬으로 세 끼를 먹으면 물리는데, 단일 품목 중 그것도 외국에서 반짝 유행한 것에 내 가족의 명운을 걸고 투자하는 그 사고와 행위 자체를 나는 이해할 수가 없다.

수십 년간 새벽잠을 떨치고 일어나 몇 시간을 지하철로 오가며 모은 젊은 시절 노력의 대가는 어느 주스 전문점에서 내놓는 시럽 잔뜩 들어간 주스에 동동 떠 있는 얼음처럼 흔적 없이 녹아 사라진다.

혹시라도, 그 반짝 유행 아이템으로 창업해 나중에 권리금을 받고 넘기겠다는 생각을 한다면 더더욱 말리고 싶다. 권리금도 없이 창업할 수 있는 유사 프랜차이즈 회사가 넘쳐나는데, 이미 낡아 버린 인테리어를 수천만 원 웃돈 주고 넘겨받을 사람은 아무도 없다.

제발 단일 품목으로 승부할 생각은 하지도 마라.

5 감가상각비가 높은 장사

감가상각비가 높은 업종을 이야기할 때 가장 먼저 거론되는 것이 피시방이다. 피시방 컴퓨터는 가정용과는 다르게 수명이 3~4년을 넘기기가 어렵다. 너무 많은 사람의 손을 거치니 내구성에도 문제가 생기지만, 그것보다 큰 문제는 내 매장이 보유한 컴퓨터 성능이 너무 빨리 진화하는 게임 개발 기술을 더 오래 맞춰주지 못하는 것이다.

200만 원을 주고 맞춘 피시방 컴퓨터의 적정 수명이 3년이라고 추산하면, 1년에 60~70만 원의 감가상각비가 발생한다고 볼 수 있다. PC 100대를 보유한 피시방이라면, 1년에 약 6천만 원의 감가상각비가 발생한다는 말이다. 물론 이것은 모니터와 책상, 의자, 키보드, 마우스 등 부수 용품과 인테리어의 노후화는 제외한 순수 PC 본체만의 감가상각을 이야기한 것이다. 매달 500만 원 이상을 PC 수리와 업그레이드 비용으로 적립해둘 수 있는 피시방 사장이 있을까? 가능할 리가 없다.

그렇게 한 해가 가고 또다시 한 해가 지나면, 2년 전 가게를 오픈할 때 동네의 오래된 피시방 사장들을 잠 못 들게 했던 나의 자랑스러운 1080 그래픽 카드와 i7 7700 CPU를 장착한 컴퓨터는 유물이 되어 간다. 2년 전 내가 피시방을 오픈할 때 깨끗한 인테리어와 좋은 컴퓨터를 보유했다며 광고해, 이전 단골 피시방을 떠나 나의 피시방으로 우르르 몰려왔던 학생들은 다시 2년이 지난 지금, 옆 건물에 들어선 휘황찬란한 인테리어와 3080ti 그래픽 카드가 달린 컴퓨터로 무장한 새 피시방으로 가버린다.

갑자기 손님이 줄어버린 것을 의아해하며 어느 날 문득 새로 생긴 피시방 앞을 걸어가다가 내 가게의 단골손님이었던 중학생이 친구들과 함께 새 피시방 계단을 올라가는 모습을 보게 되고, 그날 밤 배신감과 우울함과 자괴감에 두 눈 뜨고 꼬박 밤을 새우고 말 것이다.

급한 마음에 사장은 모아둔 약간의 저금에 보험을 깨고, 또 1~2천만 원 대출금을 더하여 급하게 고사양 컴퓨터 몇 대를 새로 맞춘다. 그렇게 또 6개월을 버텨보지만, 더 높은 사양을 요구하는 새로운 게임이 출시되고, 또다시 새로운 세대의 그래픽 카드나 CPU가 출시된다.

대전 관저동에서 가게를 운영할 때 근처 상가에서 프랜차이즈 햄버거 가게와 커피숍을 같이 운영하던 젊은 사장이 있었다. 그 젊은 사장은 대학생 때, 내가 운영하던 피시방의 A급 단골이었다. 그런데 대기업 프랜차이즈 매장을 두 개나 운영하던 그의 하소연도 그리 다르지 않았다.

몇 년마다 프랜차이즈 본사에서 수천만 원이 들어가는 인테리어 작업을 요구한다고 했다. 가맹 계약서에 3년마다 인테리어 작업을 해야 한다는 내용이 포함되어 있어, 거부할 수 없다고 했다. 본사에서 인테리어 비용을 지원해 준다고는 하지만, 적정한 비용을 지원해 주는 건지, 과하게 비용을 책정해서 본사가 도와준다는 생색을 내는 건지 알 수 없어 의

심이 든다고 푸념하기도 했다.

매장 오픈에 들어가는 비용도 물론 최대한 아껴야 한다. 하지만 감가상각비도 반드시 아이템 선정 시에 충분히 고려해야 한다. 가게 오픈에 들어가는 비용은 한 번만 내면 되지만, 지속적으로 발생하는 감가상각비는 가게를 운영하면서 평생 따라다니는 지독한 통장 털이범이다.

매장 확장이 첫 번째 목표였다

2006년 8월 6일은 보증금 500만 원, 월세 50만 원에 대전시 노은동 매장을 계약하고 사업자 등록증을 발급받은 날이다. 2001년 여름쯤인가에 피시방을 시작했으니, 한 5년 만에 지하 세계를 탈출한 것이었다. 대전시 갈마동의 피시방은 월세가 싼 이유로 지하에 마련하여서 피시방을 운영하는 동안에 제대로 햇볕을 쬔 적이 거의 없었다.

제일 처음 오픈한 대전시 컴퓨터 매장은 여러분이 유튜브에서 보았던 것의 딱 절반 크기였다. 상암동 매장의 실제 평수가 15평이고 지금 합정동 매장은 47평이니, 비교도 안 될 만큼 작은 크기였다.

그날, 13년 전 그날, 쫄딱 망해버리고 남은 500만 원을 들고 새롭게 시작한 그날, 처음 가게 문을 열고 들어갔을 때의 설렘과 투지는 지금도 잊을 수가 없다.

'마지막이다. 어쩌면 한 번 정도 기회가 더 있을 수도 있지만, 지금의 나에게는 이 자리가 마지막 격전지가 될 것이다. 더는 물러설 곳도 없다. 여기에서 어떻게든 살아남을 것이고, 가족을 책임질 것이다.

저녁 퇴근 때마다 딸아이에게 스티커와 500원짜리 과자를 사다 줄 수 있는 아빠가 될 것이고, 결혼하고 6년 동안 백화점 옷 한 번 사 입지 못한 아내에게 언젠가는 백화점 3층에서 마음껏 옷을 사줄 수 있는 남편이 될 것이다.'

인테리어를 할 여분의 자금 따위는 한 푼도 남지 않았다. 전 세입자가 공사해둔 바닥과 벽, 천장, 어느 하나 손대지 않고 그대로 사용하였고, 들여놓은 가구는 인터넷을 통해 6개월 할부로 산 포밍 테이블Forming Table 몇 개와 싸구려 책꽂이 서너 개, 그리고 상담용 원형 테이블 정도였다.

그렇게 시작했다.

출근은 아침 7시, 퇴근은 저녁 9시. 토요일? 일요일? 그런 건 없었다. 그래도 일요일은 조금이라도 쉬자는 생각이 들어 오후 4시에 퇴근했다. 대략 일주일에 90시간 조금 더 일했다. 그렇게 1년간 운영하다가 몸이 너무 힘들어 출근 시간을 8시 30분으로 늦춘 것도 그 당시의 나에게는 사치, 죄스러움으로 느껴졌다.

1년간 그렇게 몸이 부서지도록 고생하며 장사하다 보니 차츰 단골이 생기고 매상이 올라가기 시작했다. 처음 장사를 시작할 때 6개월을 버틸 수 있는 자금이 있어야 한다고들 하는데, 6개월은커녕 제대로 한 달을 버틸 자금도 없이 시작한 나에게는 하루의 휴일도 허락할 수 없었다.

그렇게 1년이 지나고 또 1년이 지나 동네에서 제법 유명한 컴퓨터 가게가 되어갔고, 그즈음부터 대전 현충원에 프린터 토너 같은 품목을 작은 규모로 납품도 하기 시작했다. 토너 하나를 배달하면 5~7천 원 정도 남는 일이었지만, 당시의 나에게는 어느 정도 고정적인 수입처를 가지게 되는 계기가 되었고 큰 도움이 되는 거래처가 되었다.

'여기서 뼈를 묻자'라는 각오로 시작한 가게에서 고군분투하며 2년을 버티니 희망이 보이기 시작했다. 퇴근 후 가족에게 치킨을 시켜 줄 수 있게 되었고, 관저동 롯데마트에 들러 이제 막 초등학교 3학년이 된 딸아이를 위해 스티커를 사갈 수 있게 되었다.

우유를 살 때 유통기한에 가까워 30% 할인이 붙은 것만 골라서 사는 것은 변함이 없었지만, 피시방을 운영할 때와는 비교할 수 없을 만큼 나름대로 윤택한 생활을 할 수 있게 되었다. 그 희망을 계단으로 삼고 더 나은 곳으로 나아가고자 조금씩 준비했다. 그렇게 통장에 2천만 원을 모았다. 컴퓨터 가게를 시작하고 3년이 되었을 때, 나는 첫 번째 진화를 준비하였다. 매장을 확장하기로 한 것이다.

매장 확장에 관해서는 계속해서 머릿속으로 생각해놓고 있었다. 자금이 부족해 작은 가게에서 장사를 시작했지만, 협소한 매장 크기로 인해 느껴지는 갑갑함은 첫 번째로 해결해야 할 과제였다. PC를 조립하고 수리하기에도 벅찬 공간이라서 더 많은 부품을 놓을 수 없었고, 판매하는 부품이 부족해 돌아가는 손님에게 미안한 마음이 컸다. 물론 더 매출을 올릴 기회도 계속해서 놓치게 되니 얼른 자금을 확보해 매장을 확장해야겠다고 생각했다. 그런 목표를 두고 차곡차곡 통장을 채워갔으며, 마침내 그 첫 번째 목표를 이룬 것이다.

선택과 집중

이런 이야기가 인터넷에나 떠도는 괴담인 줄로만 알았다.

"아저씨, 가시는 길에 이거 좀 버려주세요."

"오신 김에 책상 뒤쪽 선도 좀 정리 싹 해주고 가세요."

"아저씨, 지금 배달온 모니터인데 조립할 줄 몰라서요.
오신 김에 이것도 뜯어서 조립해서 연결해 주세요."

"아니, 출장비도 드렸는데 이런 것도 안 해주세요?"

"뭐야, 이거 하나 빨리 못 고쳐요? 우리 애 인강 들을 시
간 다 됐는데."

많다. 정말 많다. 한때 뉴스에 나올 만큼 논란이 되었지만,
여전히 없다고 할 수 없다.

나는 컴퓨터 수리로 출장 나가면, 손님이 매장을 방문했
을 때보다 만 원 정도 비용을 추가로 청구하였다. 그 추가금
만 원은 이동하는 데 드는 기름값과 시간, 이동하면서 생기

는 내 몸의 피곤함, 그 시간 동안 매장에 오는 손님을 받지 못하는 것에 대한 최소한의 보상이라고 생각해 책정한 금액이었다. 하지만 출장을 요청하는 많은 손님의 생각은 다른 듯했다. '뭐야, 엄연히 출장비 추가 지급하고 부른 사람인데 이런 것도 못 시켜? 그러려면, 내가 왜 출장비를 내는 건데. 내 돈 내고 내가 서비스도 받지 못해?'라고 생각하는 듯했다. 흔히 서비스업 종사자들이 당하는 "이봐요, 돈 냈잖아요. 내가 내 돈 내고 이런 서비스밖에 못 받아요?"의 함정에 빠진다….
내가 받은 추가금은 해당 업무에 소요되는 시간과 노력에 대한 대가지 그 외의 추가 노동력 제공과 감정 소모를 일으키는 것까지 포함한 비용은 아니다.

2006년, 대전에서 컴퓨터 판매장 운영을 시작해 10년간은 출장 수리를 했었다. 8월의 뙤약볕에는 그 무거운 컴퓨터를 들고 식은땀을 흘리며 계단을 오르내렸고, 12월의 추위에는 차디찬 컴퓨터 본체를 양손에 번갈아 들어가며 추운 발걸음을 재촉했다. 모니터에 복합기까지 설치하는 날이면 손이 세 개라도 부족할 만큼 고생하며 남의 집 문턱을 넘나들었다. 그렇게 들어간 곳에서 푸대접, 아니 하대를 받고 나오는 날에는 자괴감에 빠진 적이 한두 번이 아니었다.

물론 가끔은 오렌지 주스나 직접 담근 시원한 석류 차를 건네주는 고마운 분도 분명히 계셨다. 아니, 실제로는 만 원에 갑질하는 분들보다는 고마운 마음이 담긴 음료수를 건네시는 분이 더 많았다. 하지만 어쩌랴, 한 명에게 다친 마음은 열 명의 위로로도 치료되지 않는 것이 인간의 약한 마음인 것을…. 그런 '마음의 할큄'을 당할 때마다, 출장 수리와 심지어 나의 직업에 회의가 들고는 했다. 당시 초등학생이었던 딸과 아내도 출장 다니는 것을 그만두라고 이야기했지만, 당장 수익과 직결되는 일이라 쉽게 출장 수리를 포기할 순 없었다.

출장 수리에 관해 고민하던 어느 날, 나의 고민을 한 방에 해결해 준 해결사는 의외의 곳에서 나타났다. 그곳은 중국집이었다.

대전 매장 근처에 '쓰촨'이라는 유명한 중화요릿집이 있다는 이야기를 들었다. 어느 날 아내와 딸아이에게 퇴근 시간에 맞춰 가게로 오라고 해서 같이 가보기로 하였다. 짜장면과 짬뽕, 볶음밥, 탕수육, 이렇게 시켜 조금씩 나눠 먹었는데…, 맛있었다. 지난 크리스마스에 큰맘 먹고 대전의 한 백화점에 있는 중국집에서 먹었던 두 배는 더 비싼 요리보다 더 맛있었다. 난생처음 볶음밥에서 불맛이 난다는 게 어떤 건지 알게 되었고 짬뽕 국물도 그렇게 진하고 고소할 수가 없었다. 짜장면은 조금 평범한 맛이었지만, 새콤달콤하면서도 포근하게 입안에서 씹히는 탕수육 맛도 일품이었다. 알려진 유명세에 비해 맛이나 가격이 터무니없어 다시 방문하지 않는 유명 맛집도 많은데, 쓰촨은 달랐다. 노은동의 쓰촨은 우리 가족이 서울에 이사를 온 이후 다른 중국집을 다니면서도 계속 그 맛을 그리워하게 만드는 나쁜 버릇을 안겨주었을 정도로 음식을 맛있게 하는 집이다.

점심시간 전부터 문밖에서 번호표를 받고 기다리는 직장인들로 가득하고 저녁 시간이면 요리와 함께 반주하는 손님들과 외식을 즐기는 가족들로 붐빈다. 대기표를 받고도 한참을 기다려야 하는 곳이다. 물론 지금도 그럴 것이다.

그 쓰촨 중국집에는 몇 가지 특징이 있는데, 첫 번째는 그 명성과 맛에 비해 가격이 평범하다는 것이고, 두 번째는 배달 서비스를 하지 않는다는 것이다. 출장으로 컴퓨터 수리나 설치를 해야 하는 내 관점에서는 참으로 이해가 가지 않는 것이 그 두 번째였다. 매일 자리가 없어 발길을 돌리는 손님이 언뜻 보기에도 수십 팀 이상이니 배달을 하게 된다면 지금보다 매상이 2배, 아니 4배, 5배로 늘어날 건 뻔한 일인데 말이다. 하지만 쓰촨의 단골이 되어가고, 점심에 포장을 부탁하여 가져와서 먹는 일을 반복하면서 나는 그 이유를 알게 되었다.

쓰촨이 수배의 이익을 마다하고 배달을 하지 않는 이유는 '맛'을 지키기 위해서였다. 홀에서 방금 나온 따끈한 음식은 배달로는 절대 느끼도록 할 수 없는 맛을 전해준다. 보통 중국 음식은 홀에서 먹는 것만큼 배달해서 많이들 먹는다. 배달 과정에서 음식은 식거나 굳거나 불거나, 흔들려서 모양이 엉망이 되거나 어떻게든 본래의 것에서 상당 부분 '맛'과 '형태'를 잃을 수밖에 없다. 하지만 쓰촨은 일체의 배달을 거부하며 오로지 매장에 오는 손님들만을 상대로 음식을 판매하기 때문에 배달로 인해 발생하는 업무의 부하를 줄일 수 있었고, 그것은 자연스럽게 '맛'을 지킬 수 있는 방편이 된 것이다.

실제로, 쓰촨의 탕수육과 짬뽕을 포장하여 집에 가져가서 먹으니, 탕수육은 눅눅해져 버리고 면은 불어 버려서 본래의 맛이 사라져 버렸다. 보통의 중식당과 크게 차이 나지 않는 만족감을 줄 뿐이었다. 포장해 간 것만으로도 그 차이는 분명했다.

여기서 얻은 깨달음이 내가 출장 수리를 중단하게 된 이유였다. 처음에 출장을 중단할 때는 당장 수익이 감소할 것을 걱정하였지만, 결과는 정반대였다. 사장이 항상 매장에 있다는 것은 매장을 방문하는 손님에게 매우 큰 안정감을 주는 듯했다. 또한, 출장이 되지 않아 어쩔 수 없이 매장에 오게 된 손님들은 생각보다 크고 깔끔하게 정리된 매장 분위기에 편안함을 느꼈고, '그래 이 정도의 가게라면 수리뿐 아니라, 조립 컴퓨터를 주문할 수도 있겠어'라는 반응을 보이기 시작하였다. 실제로 그런 반응을 내게 표현했다. 출장으로 인한 스트레스가 줄어들자 자연스레 손님들과의 대화도 부드러워지기 시작했고, 내방 손님은 출장 수리를 할 때와 비교하여 두 배 이상 늘어나기 시작했다.

'선택과 집중.' 다양한 방면에서 이러한 원칙을 적용할 수 있다. 1996년도에 입사한 유통 회사에서 귀에 못 박히도록 교육받은 이야기이다. 내가 버린 것은 출장으로 인한 부가 소득과 그에 따른 육체적, 정신적 스트레스였고, 반면 얻은 것은 내방하는 손님을 향한 '집중'이었다.

자영업을 20년간 해온 입장에서 다른 사장님들께 감히 권하고 싶다. 혹, 지금 버리지 못하고 있는 어떤 영업 방법이 내 매장에 잠재해 있는 더 큰 영업력을 방해하고 있는 것은 아닌지 한번 따져보시라. 출장 요금 10,000원을 벌기 위해 무리하다가, 혹시 놓쳐 버린 더 큰 기회가 있는 건 아닌지 말이다.

행운은 쉽게
찾아오지 않는다

장사를 하다 보면, 가끔 욕심에 무리한 계약이나 납품, 판매를 진행하다가 큰 손해를 입는 경우가 있다. 뭔가 찜찜하고 분명 느낌이 이상하지만, 매출은 줄어들고 직원 월급날은 다가오는 데다가 며칠 전 건물주에게 양해를 구해 며칠 말미를 구했던 월세 송금 일이 다가올 때, 그때는 평소 같았으면 생각지도 않았을 어떤 찜찜한 일을 덥석 물어 버리고는 한다.

이 이야기는 컴퓨터 업계에서 널리 알려진 이야기로, 중소 컴퓨터 메이커 대리점을 운영하던 어떤 분이 10년 전쯤 겪은 이야기이다. 이와 비슷한 방법으로 사기를 당하는 사람이 많아서, 특히 도소매 업종의 매장을 운영하거나 창업을 준비하는 독자들은 꼭 알아두면 좋을 것 같아서 이야기한다.

사기를 당한 대리점 사장님을 A, 사기꾼을 B라고 칭하여 이야기하도록 하겠다.

어느 날 A의 매장으로 한 통의 전화가 걸려왔다. '경기도 어느 구청의 구매 담당 공무원인데, 사용 연한이 지난 구청 컴퓨터를 일괄 재구매해야 한다. 견적이 가능하냐?'라는 전화였다. 당연히 A는 반색했고, 다음 날 만나기로 했다. B는 말쑥한 차림으로 A를 찾아왔다.

B의 주문 대수는 30대, 모니터 포함이었다. 부서장에게 결재를 받아야 하는데, 조금이라도 가격을 깎아달라고 흥정까지 걸어왔다고 한다. 길지 않은 상담으로 컴퓨터 30세트 계약은 완료되었다. 많이들 알듯이 관공서와의 납품에서 '선금'을 받기란 절차상 곤란하여서, 당시 계약도 항상 그렇듯 계약금 없이 진행되었다고 한다. 대략 4,500만 원 정도의 납품 금액이었다. 해당 대리점의 본사에서도 관공서 납품 건이라는 이야기에 여신도 없는 상태에서 컴퓨터 30세트를 보내주기로 하였다. 그것도 배송 트럭까지 별도로 배정하여 해당 경기도 구청까지 직접 배송해 주기로 말이다.

사람 좋아 보이는 공무원사칭 B는 이렇게 입을 털기도 했다.

"사장님, 인상 너무 좋으시네요. 저희 부서 건 잘 마무리되면, 다른 부서 구매 담당자들에게도 소개해드리도록 하겠습니다. 전 밥이나 한번 사주세요. 하하하."

A는 그날 퇴근길에 머릿속으로 많은 것을 생각했을 것이다. 그 생각은 걱정과 고민보다 대부분 기대였을 것이다.

'이번 납품 대금을 받으면, 본사에 대금을 지급하고도 밀린 월세, 직원 월급 주고 저녁에 오랜만에 식구들이랑 삼겹살 한 번 먹을 수 있겠다. 보자, 우리 딸이 사달라고 했던 인형 놀이 세트에다가 마누라 옷도 한 벌 사주고 석 달 밀린 적금도 넣고. 그리고 이런 납품이 앞으로 서너 달에 한 번씩은 있을 거니까, 그래, 그러면 일 년에 얼마를 모아서…. 오, 이거 잘하면 금방 부자 되겠는걸.'

하지만 그 꿈이 악몽으로 바뀌는 데 필요한 기간은 딱 3일이었다. 계약 3일 후, 본사에서 특별히 준비해준 트럭 두 대에 나눠 실려 온 컴퓨터들은 오전 무렵 구청 현관에 도착했다. 곧 공무원증을 목에 건 B가 나타났다.

"안녕하세요, 사장님. 기사님들하고 컴퓨터들 여기 구청 로비에 좀 내려와 주세요. 사무실로 옮기는 건 제가 좀 있다가 저희 부서 직원들 내려오라고 해서 같이 하겠습니다."

"아이고, 아닙니다. 저희가 사무실까지 올려드려도 되는데…. 그러면 여기 로비에 내려놓으면 될까요?"

30대의 컴퓨터 본체와 모니터가 구청 로비에 내려지는 동안, 로비를 지나는 많은 공무원과 민원인은 그저 '아, 여기 구청 어느 부서에 컴퓨터 납품이 있나 보구나'라는 눈빛만 보낼 뿐이었다. B가 안내 데스크에 가서 이 상황에 관해 뭔가 이야기하는 듯했다. 아마도 '어느 부서에 배송 온 컴퓨터들인데, 곧 옮길 것이다'라는 내용이었을 것이다.

컴퓨터 30대를 비롯한 모든 구성품을 구청 로비에 내려놓고 트럭 기사님들도 돌아가 버린 그즈음 부서 직원들을 데리고 온다던 B가 약간 빠른 걸음으로 혼자 오는 모습이 보였다.

"어떡하죠, 사장님. 직원들이 지금 점심시간이라 다 식사하러 가버렸네요. 시간이 이렇게 되어 버려서. 우리도 그동안 식사나 하고 오죠. 구청 옆에 음식 아주 맛있게 잘하는 돼지국밥집이 있습니다."
"아, 그러네요. 그러고 보니 딱 점심시간이네요. 제가 점심 대접하겠습니다. 가시죠."

A는 더 이상 걱정할 게 없었다. 본체와 모니터는 안전하게 구청 로비에 다 내려놓았고, 식사만 하고 돌아오면, 사무실로 올려주는 것도 B의 부하 직원들이 해준다고 했으니…. A는 B가 능숙하게 안내한 국밥집에 가서 B가 들려주는 꿈같은 이야기에 빠져들었다.

"이번 납품 계약 잘된 것 같네요. 싸게 샀다고 부서장님이 좋아하십니다. 우리 옆 부서에서도 곧 연락이 갈 겁니다. 그쪽은 우리보다 대수가 좀 더 많아요. 거기도 제가 힘을 써서 꼭 사장님이 납품할 수 있도록 해드리겠습니다."

장사 20년 만에 이런 일이 다 생기다니. A는 부푼 꿈에 연신 '감사합니다.' 하며 국밥에 수육 한 접시까지 대접했다.

"이거 약주라도 한잔하셔야 하는데…."
"아휴, 큰일 나요, 요즘 공무원들 낮술하고 다니면. 오늘 저녁에 한잔하시죠, 하하하. 화장실 금방 다녀오겠습니다. 저 오면 같이 일어나시죠. 잠시만요."

B는 사람 좋은 웃음을 남기고 자리에서 일어났다. 그것이 끝이었다. 그 사람 좋은 웃음을 끝으로, A는 B를 다시는 만나지 못했다.

아차, 하는 순간 구청 로비로 달려갔다. 역시 30분 전에 내려놓은 30대의 컴퓨터 본체와 모니터는…, 믿고 싶지 않았지만 처음부터 그곳에 있지 않았던 것처럼 텅 빈 로비의 모습, 그것뿐이었다.

B가 들려주는 꿈같은 이야기를 들으며 국밥과 수육을 먹은 30분의 시간은 그것들을 사라지도록 하기에 충분한 시간이었다는 걸 그제야 깨달았다. 부질없이, 찾아가 본 해당 부서에 B가 있을 리는 만무하였다.

이후 A의 이야기는 더 듣지 못했다.

누가 이런 사기에 당할까 싶지만, 실제 이 정도면 꽤 B의 입장에서 설계를 열심히 한 작업이었다. 보통 '사기를 업으로 하는 자'들은 이렇게까지 복잡하게 스토리를 짜지도 않는다. 옆에서 들으면 그냥 딱 '사기', '거짓말'로 뻔히 보이는데도 '돈'이, '매상'이 절박한 누군가는 짝사랑 상대가 데이트에 응해 주겠다고 한 것 같은, 그런 정도의 착각에 빠져 버린다.

당신의 옆에도 지금 B가 있을 수 있다. 보통 때는 그냥 상냥한 이웃이고 지인이지만, 당신이 흔들리고 판단력이 흐려져 허점이 생길 때, B는 손을 내밀기 시작한다. 그럼 당신은 내일의 A가 되는 것이다. 조심하라.

행운은 그렇게 친절하게 당신을 돌봐주지 않는다. 행운은 당신의 등 뒤에서 당신의 일거수일투족을 지켜보다가 당신이 온 힘으로 자신이 가진 능력을 발휘하려 노력할 때, 그때 등을 살짝 밀어준다. 그것이 행운이 해주는 전부이다.

능력도 운빨도
보통입니다만

'수리'와 '리페어'는
다르다

매장을 운영하다 보면, 기술적인 부분에 오해를 안고 방문하는 손님을 많이 접한다. 내가 일하는 분야는 컴퓨터를 조립하고 '수리'하는 분야이지, '리페어Repair' 분야가 아니다.

"어, 'Repair'를 한글로 하면 '수리'잖아. 결국, 같은 말이네"라고 대부분 생각할 것이다. 물론 사전적으로는 같은 '수리'의 개념이지만, 컴퓨터를 업으로 하는 사람의 관점에서 보면 그 차이는 매우 크다.

나처럼 '수리'를 하는 쪽은 컴퓨터의 파워 서플라이나 메인보드, CPU 등 어떤 부품이 고장 났는지 확인하고 그 부품을 교체하거나 AS 센터로 안내하는 것이 주 역할이라면, '리페어'하는 쪽은 그 고장 난 메인보드나 그래픽 카드, 노트북의 기판을 직접 고치는 업무를 한다.

마치 나를 비롯한 일반 수리점이 된장찌개를 파는 일반 식당이라고 한다면, 리페어 수리 기사는 그 된장을 직접 만들어내는 분들이라고나 할까. 어느 식당의 된장찌개가 아무리 맛있다고 하더라도, 그 된장찌개의 재료인 된장을 그 식당에서 직접 담그지 않는 경우가 대부분인 것처럼.

컴퓨터 업계에서 된장을 직접 담그는, 그러니까 컴퓨터 기판을 납땜과 세척 등으로 직접 고치는 사람들은 '고수'나 '장인'으로 통한다. 그런 기술은 대개 외부로 공개되지 않아서, 직접 공부해 기술을 쌓아가는 경우가 대부분이다. 나 역시 예전에 그 리페어 분야에 도전한 적이 있었다. 그러나 나의 손기술과 기본 지식으로는 접근하기 힘든 분야라는 것을 알았다. 그리고 무엇보다 리페어 분야에 뛰어드는 데 큰 장애물이 하나 있었으니, 그것은 '수익'이다.

한마디로 말해서 리페어는 돈이 안 된다. 일반 사용자들이 리페어 기사에게 수리를 의뢰하고 가장 많이 기대하는 것은 저렴하게 메인보드와 그래픽 카드를 수리받는 것이다. 하지만 중고 부품 시장에서 2~4만 원에 쉽게 대체 부품을 구할 수 있는 상황이니 리페어를 했을 때 공임을 얼마나 청구해야 적합할지 리페어 기사는 딜레마에 빠지게 된다. 중고로 2~4만 원에 구할 수 있는 부품인데 두 시간, 혹은 하루나 이틀 걸려 수리했다고 해서 10만 원, 20만 원을 청구할 수는 없는 노릇 아닌가. 조금은 중고 가격이 높게 형성되어 있는 그래픽 카드의 경우도 그 상황은 크게 다르지 않다.

그런 이유로 리페어 전문가들은 일반적으로 PC 부품 수리보다는 노트북 수리에 집중하는 경우가 많다. 노트북의 경우 메인 보드와 CPU, 그래픽 유닛이 일체형으로 되어 있는 경우가 대부분이라서 고장 발생 시 서비스 센터에서는 기판 전체를 교체하라고 요구하며, 그 수리비는 대체로 40만 원 이상으로 책정된다. 그런 고장을 리페어 전문가가 수리했을 때 그나마 10만 원 내외의 비용 정도는 청구할 수 있을 것이다.

하지만 그런 수리 의뢰가 매일 발생하는 것도 아니고, 매번 성공적으로 수리할 수 있는 것도 아니다. 며칠의 시간을 들였지만, 성과를 내지 못하고 오히려 수리 의뢰자에게 면박만 당하는 경우가 수도 없이 생긴다. 그것이 나를 비롯한 컴퓨터 매장을 운영하는 사장 대부분이 리페어라는 분야에 언감생심, 발을 들여놓기 꺼리는 이유이다.

이처럼 '수리'와 '리페어'는 컴퓨터 분야에서 확실하게 구분된 서로 다른 영역이다. 하지만 서두에 말했지만, 많은 손님이 그 차이점을 이해하지 못하고 매장에 찾아온다. 고장난 그래픽 카드, 메인보드와 기판 자체가 고장 난 노트북을 들고 와서 '리페어'를 요청한다. 여기에서 문제가 발생하는 경우가 많다.

나의 직업은 그 리페어 고수분들처럼, 하루에 한 대, 두 대의 기판을 붙들고 분석하고 칩 세트를 고치는 리페어 전문 기사가 아니다. 나는 하루에도 십수 대의 컴퓨터를 조립하고 기본적인 수리만 수행하는 동네 컴퓨터 가게 주인일 뿐이다.

설혹 리페어 기술이 있다고 하여도 하나를 수리하는 데 하루가 걸릴지, 이틀이 걸릴지도 모르는 메인보드니 그래픽 카드를 붙들고 밀려 있는 일반 수리와 컴퓨터 조립을 미뤄둔 채 매달려 있을 수 없는 것이 장사하는 사람으로서의 현실이다. 그리고 그렇게 리페어에 하루를 투자하여 수리한다고 한들, 우리 매장에서 청구할 수 있는 최대한의 수리 비용 2만 원은 나의 하루 인건비, 매장 운영비를 충당하기에는 현실적으로 불가능한 금액이다.

그런 이유로 여러 차례 유튜브 영상에서 내가 접근하지 못하는 분야에 관해 설명했지만, 그것을 나의 핑계귀찮아서 고치지 않는 거라고 생각하고 리페어를 기대하며 찾아오는 손님이 많다. 그럼 나와 직원들은 우리가 원래 팔지 않는 된장을 두고 그 된장은 우리가 직접 담그는 것이 아니고 공급해주는 사람이 따로 있다며, 그 된장의 제조 비법은 우리도 모른다는 것을 한참 설득해야 한다. '미안하다, 죄송하다'라는 말을 반복했는데도 마지막까지 의심하고 화난 듯한 표정을 지으

며 떠나는 손님의 눈초리를 하루에도 수차례 반복해서 맞아
야 한다.

　이 자리를 빌려, 나는 다시 한번 말하고 싶다. 나와 나의 직
원들은 그저 동네 작은 컴퓨터 수리 판매장을 운영하는 사장
과 직원들일 뿐이라는 것을. 유튜브나 블로그에서 고급 기술
을 보여주는, 우리와 다른 세계에 사는 강호의 고수들과는 분
명히 다른 일을 하는 사람들이라는 것을.

능력도 운빨도 보통입니다만

해 질 녘,
63빌딩의 목소리

그저 빌딩 유리창에 반사된 저녁노을일 뿐이었다. 마침 그 날 떨어지는 햇볕이 조금 더 진했던 것 같고, 마침 그 날 나는 기차의 오른쪽에 앉았다.

1995년의 늦가을이었다.

지방 대학교 인문계 학과 졸업을 앞둔 4학년 대학생에게 취업의 길은 너무나 험난했다. 한번은 학과 교수님이 소개해 주셔서 서울에 있는 무역 회사에 면접을 보러 갈 수 있었다. 그런데 그때 교수님의 친구라는 분에게 들은 몇 마디 이야기가 아직도 기억에 남아 있다.

"아…, 미안해요. 전 유 교수님께서 경제학과 교수님이신 줄 알고 학생들 소개를 부탁드렸던 건데…. 먼 길 오시느라 고생하셨습니다. 이거 내려가실 때 차비에 더해서…."

그렇게 건네주신 하얀 봉투, 거기에 들어 있던 만 원짜리 두 장. 그것을 차마 거절하지 못하고 기껏 차려입어 부끄러워진 양복 안주머니에 꾸겨 넣었다. 엘리베이터를 타고 내려가 건물 밖으로 나왔다. 그리고 한참을 걸어 다시 지하철에 올랐다.

아마 살아오며 그날의 나와 비슷한 경험을 한 번도 해보지 않은 사람은 없을 테니, 그날 나의 마음속에 생겼을 비참함과 패배감을 굳이 더 회상하지는 않겠다. 어느 쪽이 북쪽인지도 모르는 서울 한복판에서 어색한 양복을 입고 물어물어 지하철에 올라 서울역으로 향했다. 만 가지 생각과 답답함을 안고 대구로 가는 기차에 올랐다.

패배감의 늪에 깊이 빠져들려고 했던 바로 그때, 한강철교 옆을 기차가 지나는 그 순간에 63빌딩이 뱉어내는 그 황금색 반짝임이 가슴속으로 들어왔다. 그것은, 어느 화가가 이야기했던 "해가 내 가슴으로 들어왔다"라는 말이 전해주는 느낌과 아마도 비슷한 몽롱함이었을 것이다.

그날, 63빌딩에 비친 황금색 노을이 내 가슴속으로 들어왔다.

"다시 이곳에 오자."

어떻게든 대구를 떠나 서울에서 자리를 잡자는 생각에, 그 이후 회사의 규모는 따지지 않고 서울에 연고지가 있는 회사에 입사원서를 넣었다. 스물다섯 번째 입사원서를 우편으로 보낸 이후에 '뉴텍컴퓨터'라는 곳에서 면접을 보러 오라고 연락이 왔다. 감사하게도 좋게 봐준 면접관들 덕분에 1995년 겨울, 뉴텍컴퓨터에 영업사원으로 입사하게 되었다. 출근길 지하철 출구에서 팔던 설탕 듬뿍 뿌린 토스트도, 퇴근 시간의 신도림역도, 몇 년 후 마이클 잭슨이 다녀갈 강남역 타워레코드도, 연인이 같이 걸으면 헤어진다는 덕수궁 돌담길도, TV 뉴스에서만 보던 남대문도, 스물다섯 살을 꽉 채울 때까지 제대로 서울 나들이 한 번 해보지 못한 나에게 다가온 1995년의 서울은 신비로웠다. 테헤란로를 가득 채운 높디높은 건물들도, 이름도 다 외우기 힘든 그 수많은 한강의 다리도, 서울의 어디든 다닐 수 있는 거미줄 같은 지하철도 나에겐 모두가 도전해야 할 과제처럼 보였다.

용산의 전자월드 건물 3층에 있던 뉴텍컴퓨터에서 1년 남짓 근무하다가 퇴사하고 1996년 여름, 어느 유통 회사에 들어갔다. 그리고 1999년 가을 즈음 대전으로 몇 개월 파견 가게 되었다. 대전에서 지금의 아내를 만나 결혼을 했고 아이를 낳았다. 그렇게 나는 대전 사람이 되었다.

그 후 19년이 지난 2018년 8월, 유튜브 구독자가 20만 명이 넘은 어느 날 '구글 코리아'에서 보낸 교육 참여 안내 메일을 받았다. 그전에도 유튜브 행사나 모임에 참석하라는 연락을 몇 번 받긴 했지만, 매장 운영이 바쁘다는 핑계로 생각지도 않았던 '서울행'인데, 그날은 무슨 바람이 들었는지 귀신에 홀린 듯 서울행 기차표를 끊었다.

하루 장사를 직원과 아내에게 맡기고, 2018년 8월 9일 서울행 기차에 올랐다. 서울 역삼역 근처에 있는 구글 코리아 사무실에서 서너 시간의 교육을 마치고 다시 서울역으로 가 기차를 탔다. 23년 전 그날처럼 운 좋게도 KTX의 오른편 좌석을 배정받았다. 23년 전과 똑같이 한강철교 옆을 KTX가 지나는 그때, 저녁노을을 반사하여 더욱더 반짝이는 황금빛 63빌딩을 보게 되었다.

'중2병'에라도 걸렸느냐고 하는 사람도 있겠지만, 나는 그날 분명히 63빌딩이 나에게 하는 이야기를 들었다. 들었다고 느꼈던 것이 아니고, 분명하게 들었다.

"야, 금세 온다면서 어디 갔던 거야. 한참 기다렸잖아. 너무 편해진 거 아니냐. 푹 쉬었으면, 다시 한번 싸워봐야지."

그날, 나는 다시 한번 진화를 결정했다. 서울에서 다시 도전해보기로 한 것이다. 이번에는 내가 책임져야 할 두 명의 가족과 함께 안주하며 살았던 곳을 떠나면서. 그리고 두 달 20일 후인 10월 28일, 내 조그만 자동차 '스파크'에 잔뜩 짐을 구겨 넣고, 나는 서울로 향했다. 마음속 설렘은 스물다섯 살 그 시절, 내가 느꼈던 설렘과 조금도 다르지 않았다.

나는 절대 내 인생을 쉽게 살고 싶은 생각이 없다. 꼭 서울에 가는 것이 최선이라고 말하고 싶은 것은 아니다. 지금의 편안함에서 한번 일어나 보라고, 포근한 일요일 아침의 이불 속에서 떨쳐 나와 보라고 말하고 싶은 것이다. 5년 전의, 10년 전의, 아니 40년 전의 나와 했던 약속이 있다면, 혹 너무 오래되어 잃어버리고 살았던 약속이 있다면, 아직 늦지 않았다고….

〈무한도전〉의 어느 멤버가 이야기했던 "늦었다고 생각할 때는 정말 늦은 거다"라는 말은 5년 후의 나에게는 좋은 조언일지도 모르지만, 지금의 나에게는 아니다.

능력도 운빨도 보통입니다만

독특한 모양의
상암동 매장

서울에서의 두 번째 도전은 상암동에서 시작했다. 상암동에 연 작은 컴퓨터 가게, '허수아비 컴퓨터' 매장은 폭이 매우 좁고 긴 모양새였다. 요즘 상가 대부분이 그렇기는 하다. 1층에 점포를 많이 내려고 전면은 좁고 길이만 긴 기형적인 구조로 건물을 짓고는 한다. 상암동 매장은 폭이 겨우 4.5m인데 길이는 14m인 구조였다. 처음 이 매장을 만났을 때 떠올랐던 것은 바닥에 그림자만 비친 '키다리 아저씨'의 이미지였다.

인테리어에는 큰 비용을 들이지 않았다. 서른 살에 처음 장사라는 것을 시작하여 6년 만에 망하면서 그 대가로 배운 철칙이다. '벽, 바닥, 천장에 돈을 바르지 말자.' 서울로 매장을 이전할 때 자금이 그렇게 여유가 있는 편은 아니었다. 무엇보다 가족이 같이 살아야 하는 집 이사 문제가 자금 확보에 가장 큰 고민거리였다. 평수를 줄이면서 이사하였지만,

집 이사를 하는 데만 어마어마한 전세금 융자를 받아야 했다. 그리고 가게 전세 보증금도 대전에서보다 다섯 배나 늘어났다. 거기다 이사 비용, 부동산 중개비 등을 생각하니, 대략 3억 원 이상의 자금이 필요했다. 그런 여유 자금이 있을 리가 없었기에, 당연히 그 부족한 부분은 은행 대출로 메꾸어야 했다.

그런 상황에서 내 건물도 아닌 매장에 인테리어 비용을 쏟아부을 수는 없었다. 인테리어비라는 것은 매장을 옮기게 되면, 마치 '타노스'가 손가락을 튕긴 것처럼 한순간에 사라져 버리는 돈이기 때문에 모든 인테리어 비용을 합해서 1,000만 원 안에 해결하기로 상한선을 잡았다. 그리고 가능하면 그중 500만 원은 매장을 옮기거나 확장하더라도 그대로 재사용이 가능한 쪽으로 잡기로 하였다. 다행히도 예상한 금액을 크게 넘어서지 않았다. 다만, 간판은 초기 예상보다 두 배 정도 더 들어버렸다. 너무 오랜만에 인테리어를 하다 보니, 일부 품목에 들어가는 비용은 예측하기 힘들었다.

계획한 항목과 사용 금액

항목	계획한 금액	비고	실제 사용한 금액
전면 간판, 내부 허수아비 싸인, 어닝	2,300,000		4,500,000
내부 양 벽면 스페이스 월	1,200,000		880,000
수리 작업대 포밍 테이블 3개	500,000		210,000
사무용 테이블사장, 직원 2개	300,000	무상 지원받음	-
상담 테이블깨끗한 흰색 탁자 1개	200,000	이케아	250,000
벽면 진열대180 3개	800,000	이케아	750,000
옷장 1개	-	장소 좁아서 구매 포기	-
수리대 직원용 의자 2개	100,000	온라인 쇼핑	50,000
손님 상담용 의자 2개	100,000	온라인 쇼핑	95,800
사장, 직원 사무용 의자 2개	300,000	온라인 쇼핑	260,000
창가 스타벅스? 의자 2개, 테이블 1개	500,000	세트로 주문 제작	460,000
냉장고, 청소기, 기타	300,000	협찬어머니	290,000
DID 3대	-	무상 지원받음	-
DID 설치비	600,000		480,000
바닥 데코 타일 공사	600,000		640,000
케이스 진열용 앵글	400,000		250,000
거울, 상담 테이블 유리	300,000	근처 유리 가게	280,000
TV중요함	200,000		200,000
대전~서울 교통, 간식비	-		300,000
합계	8,700,000		9,895,800

단위: 원

인테리어에서 가장 신경을 많이 쓴 부분은 바닥과 벽이었다. 깨끗하고 밝은 느낌을 주는 것에 고민하였지만, 그렇다고 큰 비용을 그쪽에 할애한 건 아니었다. 그저 흰색 계통의 데코 타일과 좁은 가게를 감춰줄 큰 거울 하나면 충분했다.

매장 전면 DIDDigital Information Display 물품 160만 원가량을 지원받고 어머니가 30만 원짜리 냉장고를 사주시긴 하였지만, 그것을 다 포함하여도 전체 1,200만 원 정도 들었을 뿐이다. 그것이 다였다. 더 자금이 부족한 사람이 보면 큰 비용이라고 생각할 수 있지만, 15평의 컴퓨터 매장을 꾸미는 데 간판을 제외하고 5~6백만 원으로 진행하는 건 그리 쉽지 않은 일이다.

평일 오후에 시간을 내서 KTX로 대전과 서울을 오가며, 공사하시는 분들의 일정에 최대한 맞춰 바닥과 벽 공사를 하루 만에 끝냈다. 또 한 주 동안 다른 공사 업체들과 연락을 주고받으며 날짜를 겨우 맞춰 그다음 주 반나절 동안 DID와 간판 설치를 끝냈고, 다다음 주에는 주문한 책상과 의자를 배송받아 반나절 동안 조립하였다. 그런 식으로 서울을 세 번 다녀오며, 모든 인테리어를 마무리하였다.

보통은 몇 주가 걸릴지 몰라도 인테리어 모든 과정을 가게 예비 사장이 함께해야 하지만, 대전 매장을 운영하며 서둘러 서울 매장을 준비해야 하는 상황에서 그런 사정을 하나하나 고려할 수는 없었다. 그렇게 짬짬이 시간을 내어 준비한 매장이지만, 나름대로 만족스럽게 인테리어를 마무리했다.

가게 면적이 좁아서 생기는 원천적인 문제들을 제외하고는 직원들이나 손님들이 돌아다니거나 작업하기에도 그리 불편하지 않았다. 그리고 매장 인테리어가 좋지 않다는 사람도 없었다. 지금의 합정동 매장으로 이사할 때도, 상암동 매장에서의 경험을 바탕으로 부족했던 부분을 보완해 인테리어를 더 만족스럽게 완료할 수 있었다.

능력도 운빨도
보통입니다만

인테리어에 쓴 돈은
돌아오지 않는다

다시 말하지만, 인테리어에 들어가는 돈은 없어지는 돈이라고 생각해야 한다. 권리금 받던 옛 시절을 추억하며 인테리어에 들어간 돈을 언젠가는 이자까지 계산해서 다음 세입자에게 시설 권리금이라는 명목으로 받을 수 있을 거로 생각하는 사람이 아직도 많다.

냉혹하게 들리겠지만, 몇 년을 사용하여 시대에 뒤떨어지고 낡은 인테리어를 누가 웃돈까지 줘가며 인수하려 하겠는가. 게다가 지천에 빈 가게가 널린 상황인데 말이다. 커피숍이나 식당 등 처음 장사를 시작하는 사람 중 다수가 인테리어에 5~7천만 원 쓰는 것을 '투자'라고 생각하는 듯하다. 그러나 그것은 내가 보기에 '욕심'과 '허세'이다.

정말 장사가 잘되어 그 장소에서 망하지 않고 5년을 장사한다고 했을 때 인테리어 투자 비용에 은행 이자까지 포함하면, 매년 천만 원 이상, 매월 100만 원 정도의 감가상각비가 발생한다고 봐야 한다. 그나마 장사가 그럭저럭 잘되어 5년 동안 버텨냈을 때 이야기이다.

내가 전에 매장을 운영했던 상암동의 같은 건물 바로 옆 햄버거 가게는 딱 6개월 만에 문을 닫았다. 그 가게는, 내가 상암동 매장 인테리어 공사를 시작할 때 거의 같은 시기에 인테리어 작업을 시작했던 곳이다. 내가 대전과 서울을 오가며 전화번호부를 뒤져 바닥 데코 타일과 스페이스 월 작업하시는 분들을 찾고 이케아 책상을 사 와서 바닥에 쭈그리고 앉아 조립하고 있을 때, 옆의 햄버거 매장은 서너 명의 인테리어 시공자가 한 달 가까이 작업했다. 아마 못해도 주방 가구를 포함해서 6천만 원 이상의 인테리어 비용이 들어갔을 것이다.

그것이 단 6개월 만에 폐품이 되어 버렸다. 말하자면, 한 달에 천만 원씩 계산해 인테리어 비용으로 쓴 돈이 물거품처럼 사라져 버린 것이다. 그나마 주방기기들은 되팔아서 반값이라도 건진다고 해도 바닥이나 벽에 바른 돈은 한 푼도 건지지 못한다. 만약 새로운 세입자가 철거를 원한다면, 그 비용까지 추가로 들여가며 눈물의 철거 작업을 해야 하는 상황이 벌어진다.

비단, 우리 옆 가게만의 상황이 아니다. 24시간 불이 꺼지지 않는다는 상권인 홍대나 신림동, 신촌 거리의 초입, 명동, 강남역 사거리만 가도 이와 비슷한 경우는 너무도 많이 볼 수 있다. 바닥과 벽에 돈을 너무 많이 발라 버리면, 그 들어간 비용을 회수하겠다는 생각이 들어 음식이나 제품의 질보다 소비자 가격을 높게 책정할 수밖에 없고, 악순환을 이어갈 것이다.

인테리어에 3천만 원을 들었든, 3억 원을 들었든 새로 들어오는 투지 넘치는 사장의 눈에는 그저 거추장스럽고 촌스러운 폐품일 뿐이다. 그 가게에 새로이 입점하는 사장도 내가 처음 인테리어를 했을 때 그 마음처럼 '5천만 원으로 멋지게 인테리어해서, 1년 정도 장사하고 권리금 2억 원 정도 받고 나와야지.' 하는 상상을 하고 있을 테니….

대전 노은동에서 장사를 처음 시작했을 때 기술적, 심적으로 많은 도움을 줬던 컴퓨터 가게 사장님이 한 분 계셨다. 대전의 진잠이라는 곳에서 작은 컴퓨터 매장을 운영하셨던 분이다. 버스정류장이 바로 앞인 데다가 호리병 상권인 진잠 지역을 거의 독차지할 수 있을 만큼 좋은 위치에 자리 잡았고 좋은 기술을 가졌음에도 불구하고 운영에 소홀했던 그 사장님의 매장은 점점 하락세를 보였다. 걱정스러운 마음에 요즘 장사 괜찮냐고 물어보면, 그 사장님이 입버릇처럼 하시던 이야기가 있다.

"이 가게 장사 좀 안돼도 괜찮아. 여기 이래 보여도 내
가 3년 전에 권리금 3천만 원 주고 들어온 자리야. 나갈

때 못해도 5~6천만 원은 받을 수 있어. 난 걱정 안 해."

이전 사장이 3천만 원을 권리금으로 냈든, 3억 원을 냈든 새로 들어올 사장이 3백 원도 못 주겠다고 하면, 못 받는 게 권리금이다. 무슨 권리금이라는 게 복리식 적금 들어 놓은 것도 아니고 노후 보장되는 연금 넣어둔 것도 아닌데…. 내 가게의 바닥과 벽에 뿌렸던 그 돈 한 푼이 아쉬운 순간이 장사하는 동안 반드시 온다.

장사를 시작하며 인테리어를 하지 말라는 것이 아니다. 가능한 한 빨리 공사하는 방법으로, 깨끗하게만 진행하면 된다는 말이다. 손님들은 내가 인테리어를 얼마나 오랫동안 정성스럽게 했는지, 비싼 돈을 들였는지는 관심이 없다. 내가 인테리어를 오랫동안 내 기준에 비싼 돈을 들여서 했다고 하더라도 어차피 손님이 인테리어 등급을 매기는 판단 기준은, 말하자면 '스타벅스'이다. 정 그렇게 하드웨어에 투자하고 싶다면, 직접 만지고 눈으로 보는 식기류에 투자하는 것이 오히려 손님들에게서 더 좋은 반응을 끌어낼 것이다.

'모두가 실패해도 나는 성공할 거다, 인테리어 비용 뽑아 먹고 가게를 넘길 때는 이 비용의 두세 배는 받아낼 수 있을 것이다'라는 만용은 버려주길, 이제 장사를 시작하려는 사장들에게 꼭 이야기해주고 싶다.

친절과 배려는
다시 돌아온다

컴퓨터 가게에 단골손님이라…. 편의점이나 식당과는 다르게 컴퓨터 가게에서 단골손님은 참 만나기 어려운 존재이다. 컴퓨터 가게는 편의점처럼 아침마다 들러 담배를 사거나 식사 후 아이스크림, 커피 등을 사러 들르는 곳도 아니고 맛집처럼 일주일에 한 번, 하다못해 한 달에 한 번 정도라도 방문하는 곳이 아니기 때문이다. 컴퓨터라는 건 몇 년에 한 번 구매하는 게 보통이고 고장이 나야 수리점에 들르는 게 대부분이니까 몇 년, 몇 달에 한 번씩 오는 손님들의 얼굴을 기억하기도 쉽지 않다. 그래서 다른 업종처럼 사장과 터놓고 지내는 단골이 생기기란 쉽지가 않다.

하지만 대전에서 매장을 운영할 때는 특이하게도 꽤 많은 단골손님이 있었다. 매장 근처 자동차 판매장이나 화원의 직원들뿐만 아니라, 그냥 지나가다 들른 손님들이 단골이 된 경우도 꽤 많았다. 지금 생각해보니, 그때 대전 매장에서 잉크 충전을 서비스했던 것도 영향이 있으리라. 컴퓨터 수리나 판매와는 다르게 잉크 충전은 주기적으로 방문해 서비스받아야 하는 것이라서 자연스레 그것을 계기로 단골손님이 형성된 것 같다.

또 한 가지, '데이터 복구'를 서비스했던 것도 그나마 단골손님이 생긴 이유였던 것 같다. 사실 데이터 복구 작업은 컴퓨터 매장을 운영하는 곳에서 거의 필수적으로 하는 부업이라고 봐야 한다. 딱히 별도의 장비나 큰 노력도 필요 없고, 조금의 검색만으로도 누구나 쉽게 시도해 볼 수 있는 것이 데이터 복구 작업이니 말이다.

물론 하드웨어적인 고장이 발생한 경우에는 전문적인 복구 업체로 가야 하지만, 실수로 포맷했다거나 기타의 이유로 저장 장치 내의 파티션이 날아가 버린 경우라면 웬만한 일반 사용자도 쉽게 복구 작업을 시도해 볼 수 있다. '파이널 데이터 엔터프라이즈'나 'R-studio', 'Recuba' 같은 프로그램의 시험판으로도 쉽게 복구할 수 있는 경우가 많다.

우리 매장에도 가끔 데이터 복구 작업 의뢰가 들어온다. 컴퓨터에 케이블 하나 분리해서 복구가 필요한 하드디스크를 꽂고 프로그램을 돌리면, 대개 30분에서 5시간 안에 데이터가 복구된다. 그 복구된 데이터를 새 하드디스크에 옮겨

넣기만 하면 된다. 따로 시간을 많이 들일 필요도 없으니 어찌 보면, 어떤 작업보다 참으로 간단한 작업이다. 물론 이처럼 간단한 것 같은 작업마저도 컴퓨터가 익숙하지 않은 사용자에게는 어렵게 느껴질 수도 있다.

어느 날 저녁, 퇴근을 30분 정도 앞둔 시간이었을 것이다. 슬슬 매장을 정리하려는데 직장인으로 보이는 손님이 눈물 자국이 생겨 버린 얼굴을 하고는 매장에 들어왔다.

"아저씨, 살려 주세요. 이 외장 하드 안에 회사 자료가
다 들어있는데…, 집에서 일하려고 가져왔는데 고장 난
것 같아요. 저, 저번 달에 취직했는데…."

이제 막 퇴근해서 옷을 갈아입은 듯 편한 운동복에 슬리퍼 차림이었다. 누가 봐도 헐레벌떡 뛰어왔다는 걸 알 수 있었다.

"어…, 퇴근해야 하는데…. 그거 지금 시작해도 시간이
너무…."
"아저씨…, 살려주세요."

퇴근 시간을 막 앞두고 수리 요청이 들어오는 경우가 가끔은 있다. 그럴 때는 접수만 하고 확인은 다음 날 하는 게 일반적이다. 데이터 복구 작업이라고 해도 그 규칙을 벗어나지는 않는다. 하지만 그날 밤 그 신입 사원의 울음 섞인 목소리가 얼마나 안돼 보였던지 1시간 정도 퇴근을 미루기로 하고 서둘러 복구 작업을 시작했다. 단순히 '파티션'만 손상된 경우라 작업은 쉽게 마무리되었다.

그다음부터였다. 그날 밤 그렇게 감사하다고 고개를 꾸벅이고 간 회사원은 퇴근길마다 가게 문을 빼꼼 열고는 종종 인사하고 갔다.

"감사했습니다, 아저씨."
"아직 퇴근 안 하세요? 다음에 뭐라도 사러 올게요."

반가운 인사는 소소한 영업으로 이어졌다. 언젠가는 남자 친구를 끌고 와서 내 가게가 무슨 대단한 '컴퓨터 달인의 가게'인 양 앞에서 듣고 있는 내가 닭살 돋을 정도의 멘트를 하며, 강제로 컴퓨터를 사게 했다. 그 뒤로, 다니는 회사의 모니터나 무한 공급 프린터를 구매할 때도 신입 사원 나름의 '파워'로 회사에 실력 행사를 해 준 건지 지속적인 매출을 일으켜 주었다. 고작 한 시간 늦게 퇴근하며 도와줬을 뿐인데, 그 회사원에게는 그 한 시간이 너무나 고마운 도움의 순간이었던가 보다.

물론 컴퓨터를 다루는 업종이든 다른 업종이든 퇴근 시간을 넘기면서 손님의 사정을 하나하나 봐주는 영업 방식을 권장하는 바는 아니다. 그런 식의 예외를 하나둘 두다 보면, 가게 운영 사이클이 무너지고 근무자의 피로도나 스트레스가 올라가게 되어, 결국은 전체 매장 운영에 해가 될 공산이 크다. 퇴근 시간을 손꼽아 기다리는 건 자영업 사장님이든, 직장인이든 그 절실함과 애틋함이 다르지 않다. 그래서 언제 그런 원칙에 예외를 둬야 할지 나도 정답을 내리지는 못하고 있다.

그러나 분명한 건, 할 수 있는데 하지 않은 친절과 배려는 충성 고객을 만들 기회를 놓치게 한다는 사실이다. 생각해보면, 우리 매장이 이만큼 성장한 첫 번째 이유는 유튜브가 아니었다. 조금은 손해 봐도 좋다는 자세와 누구에게나 친근하게 대하겠다는 마음가짐에 있었다고 생각한다. 큰 손해를 봐가면서 베풀 수는 없다. 하지만 손님을 좀 더 유연하게 대할 필요는 있다.

서울로 매장을 옮기고 난 후 퇴근길에 가끔 문을 빼꼼 열고, "아저씨, 오늘 많이 파셨어요? 얼른 퇴근하세요." 따뜻하게 말해주는 그 회사원의 인사를 듣지 못하게 되어버렸다. 그 회사원은 신입 사원이라는 명찰을 떼고 이제 선배 사원이 되었겠지만, 아마도 여전히 데이터를 복사해 두고 다니는 습관은 생기지 않았을 것 같다. 컴퓨터 사용자 대부분이 그렇듯.

유통 회사에서 장사의
기본 원칙을 배웠다

1996년 여름 즈음, 나는 이직을 준비했다. 이직 준비의 이유야 모든 직장인과 마찬가지로 더 많은 월급을 받고 더 안정적인 직장을 다니고 싶어서였다.

어느 날 저녁, 대림동 자취방에서 1994년에 산 '현주컴퓨터' PC를 부팅시키고 전화선을 연결하여 드라마 〈응답하라 1988〉의 정봉이가 그랬던 것처럼 피시통신이라는 것에 접속했다.

'atdt 01420… 삐 삐 삐 삐~'

당시에도 '모자이크 넷스케이프Mosaic Netscape' 같은 웹브라우저가 있기는 했지만, 전화선을 이용한 피시통신으로는 웹 형식의 인터넷에 접속하기가 벅찬 시절이었고 텍스트 형식의 인터넷 접속이 대부분이었다.

그날 저녁, '천리안'에 접속하여 '취업 게시판'에 들어갔는데, 우연히도 'LG유통 채용 공고'를 보았다. 다음 날 오후 어렵게 반차를 내 강남역에 있다는 LG유통 본사 건물로 찾아갔다. 강남역에서 내려 2번 출구를 나와 뱅뱅사거리 방향으로 400m 정도 걸어가면, 왼편 코너에 서울빌딩이 있다. 지금도 서울빌딩은 그 자리에 있다. 그 건물 1층에는 LG25 편의점 본점이 있었고 2층에는 신영증권, 3층부터 그 위가 당시 LG유통이 임차하여 사용하던 사무실이었다.

그 당시는 인터넷 접수 같은 건 없던 시절이었다. 재학생 시절에야 학교 취업 상담소에서 쉽게 서류를 구할 수도 있었겠지만, 졸업한 이후라 입사원서를 받으려면 직접 본사로 찾아가야 했다. 원서를 받고 며칠을 미뤄두다가 원서 마감 하루 전날 저녁 음주의 도움으로 과감하게 원서를 작성하고 '뭐 별일 있겠어'라는 마음으로 다음 날 접수했다. 그런데 연락이 왔다. 졸업 전에 그렇게 마음 졸이며 스물다섯 곳에 원서를 넣었지만 단 한 곳도 서류 통과가 되지 못했는데, 내려놓은 마음으로 작성한 입사원서가 통과되다니….

면접은 여러 차례에 걸쳐 진행되었다. 첫 번째는 가벼운 실무자 면접, 두 번째는 현장 견학 후 임원 면접, 세 번째는 당시 대기업에서 유행하던 호프Hof 면접이었다.

첫 번째 실무자 면접은 당락을 결정하는 면접이라기보다는 두 번째 임원 면접을 위한 사전 준비 같은 것이었다. 면접장에서 다른 입사 지원자들을 볼 수 있었다. 채용 시기가 여름이다 보니, 지원자 대부분은 지난겨울 공채에서 쓴잔을 마신 취업 반수생이나 나처럼 다른 회사에 다니는 사람들인 것 같았다.

두 번째 임원 면접에서는 먼저 당시 LG유통에서 운영했던 슈퍼마켓, 마트, 백화점, 편의점의 주소를 주고 약간의 교통비와 함께 견학을 다녀오라는 숙제를 내주었다. 나에게 배정된 곳은 'LG슈퍼마켓'이었다. 나는 당시에 LG가 슈퍼마켓을 운영한다는 것을 처음 알았다. 견학은 '미스터리 쇼퍼Mystery Shopper' 형식으로 진행했는데, 개인별로 알아서 다녀오는 방식이었다.

나눠준 주소와 지도를 보고 어딘가에 있던 LG슈퍼마켓에 방문한 나는 조금 실망할 수밖에 없었다. 지방에서 올라와 서울 생활한 지 얼마 되지 않아서 대기업 간판을 달고 운영하는 슈퍼마켓은 뭔가 다를 거라는 기대가 있었나 보다. 하지만 내가 처음 가본 LG슈퍼마켓은 대림동 자취방 근처에 있던 일반 슈퍼마켓과 크게 다를 바가 없었다. 작은 실망감을 안고 다음 2차 임원 면접에 들어가게 되었다.

호명을 받고 다섯 명씩 면접장에 들어갔다. 큰 탁자 너머에 앉은 임원분들 앞에 의자 하나만 달랑 놓인 전형적인 면접장의 모습이었다. 재학생 시절 서류 한 번 통과되어 본 적이 없어, 면접을 본 경험이라곤 다니던 뉴텍컴퓨터 입사 때가 유일했다. 그저 다소곳하게 무릎에 손을 올리고 질문을 기다리는 것밖에는 할 수 있는 게 없었다.

지금도 기억에 남은 '김건 상무님'께서 내게 질문하셨다.

"○ ○ ○ 씨는 LG슈퍼마켓을 다녀왔네요. 다녀와서 느낀 점이라든가, 이야기하고 싶은 게 있나요?"

이처럼 그저 평범한 질문을 해오셨다. 하지만 나는 그저 평범하게 대답하지 않았다.

"좀 실망했습니다."

면접실의 공기가 갑자기 무겁게 느껴졌다. 그저 서류만 보던 면접관들이 동시에 나를 쳐다봤다. 뭔가 큰 말실수를 한 것 같았다.

"음, 그래요. 뭐를 실망하셨나요?"

다시 질문을 던지셨다. 이미 돌아올 수 없는 강을 건너버렸다. 직진이다.

"저는 대구에서 올라와, 오늘 LG슈퍼마켓이라는 곳을 처음 가봤습니다. LG슈퍼마켓이라고 하면, 매장 안에 LG 로고도 크게 붙어 있고 다른 동네 슈퍼마켓하고는 다르게 대기업 슈퍼마켓만의 분위기가 날 줄 알았는데, 제가 사는 동네 슈퍼마켓이랑 별로 다른 게 없는 것 같아 실망했습니다."

24년 전 기억이라 문장 하나하나 기억하지는 못하지만, 내 건방진 대답의 요지는 전혀 LG답지 않은 LG슈퍼마켓이어서 다소 실망스러웠다는 것이었다.

지금 생각해보니 참으로 철없는 젊은이가 내뱉은 맹랑한 대답인 듯하지만, 그 대답이 면접관인 김건 상무님 마음에 들었던 듯하다. 어쩌면, '다듬어지지 않은 돌멩이 하나 굴러온 것 같으니, 한번 다듬어 볼까?' 하는 마음이 들었던 건지도 모르겠다. 그렇게 나는 LG유통에 합격했다.

대학교 4학년 2학기 내내 원서를 냈던 그 수많은 대기업에서 서류 한 번 통과되지 못했던 내가 LG라는 대기업 계열사의 일원이 된 것이었다. 정말 운이 좋았다고 생각할 수밖에 없었다. 그때 최종 합격한 일곱 명의 동기는 각자 슈퍼마켓, 마트, 백화점, 편의점 사업부로 흩어졌고 나는 다른 한 명의 입사 동기와 함께 편의점 사업부로 배정받게 되었다.

나의 50년 인생을 통틀어 가장 많은 실전 사회 훈련을 받은 4년간의 직장 생활이 시작되었다. 그야말로 장사꾼으로서의 마음가짐을 배우는 시간이었다. 지금 내가 가게를 운영하는 데 있어서 20여 년 전 LG유통에서 배운 장사의 기본 원칙들을 여전히 적용하고 있는 걸 보면, 당시에 나는 참 감사한 훈련을 회사로부터 받았던 것 같다.

길지 않은 시간이었지만, 젊고 철없던 나에게 많은 교육을 해주고 장사 인생 전반에 걸쳐 가야 할 방향을 가르쳐 준 LG유통에, 이 책을 빌려 감사의 마음을 전하고 싶다. 안타깝게도, 'LG유통'이라는 회사명은 이제 사라져 버렸지만….

초보 사장이 첫 번째로
버려야 하는 것

"나는 이런 일을 할 사람이 아니야. 내가 10년 전에는
말이야…."

부끄러운 일이지만, 나 역시도 그랬다. 회사를 그만두고
장사를 처음 시작하였을 때, 나는 이제 잘나가는 대기업 직
원이 아니고 동네의 작은 지하 피시방 사장일 뿐이라는 것을
스스로 인정하는 데 걸린 시간은 2년, 3년…. 아니, 어쩌면
더 오래 걸렸던 건지도 모르겠다.

피시방을 운영하면서도 '나는 계속 이 일을 할 사람이 아니
다. 지금은 다른 더 큰 뭔가를 하기 위해서 중간에 잠시 이 일
을 하고 있을 뿐이다'라고 생각했다. '회사에 다닐 때 나는 직원
들의 인사고과를 작성하고 편의점들의 점수를 매기는 일을 했
으며, 각종 회의를 진행하고 매월 새로운 영업 전략을 구상하
는 대기업 마케팅팀의 일원이었다'라는 과거에 매달려 있었다.

그 회사에 다닌 것은 사실 5년도 안 되는 시간이었다. 겨우 그 정도로 짧은 시간 대기업 직원이었으면서 과거가 되어버린 그 시절을 잊지 못하고 아무도 기억해주지 않는 과거의 자존심 속에 갇혀 짧았던 화려함을 되새김질했다. 그런데 20년, 30년을 기업의 요직에서 부장님, 이사님 직함을 달고 계셨던 분들이 퇴직하여 편의점을, 치킨집을 차리신다니….

물론 더 많은 사회 경험과 더 성숙한 연륜으로 과거를 향한 연민과 슬기롭게 이별하고 훌륭히 새로운 자신의 자리를 인정하며, 현명하게 새로운 일을 개척하는 사람도 많다. 하지만 대부분은 20년간 메고 있던 넥타이의 위엄과 직함이 가져다줬던 권력의 기억을 잊지 못하고, 힘든 시간을 보내고 있다.

내가 기억하는 내 과거의 영광과 주변인이 기억하는 그때의 나는 다르다. 회사를 위해 온 열정을 다했던 그 마음을 지금의 내 영업장에 다시 한번 쏟아내어 보기 바란다. 김 부장, 박 차장으로서가 아닌, 동네 작은 내 가게의 사장으로서….

인생 모두를
장사에 걸지 말자

나는 〈생생정보통〉이나, 〈생활의 달인〉 같은 TV 프로를 즐겨보는 편이다. OTT로 찾아다니며 보는 것은 아니더라도 무심코 채널을 바꾸다가 재방송하는 걸 만나면, 적어도 한두 개 에피소드는 보고 넘기는 편이다. 수십 년씩 각자의 분야에서 열심히 달리고 계신 사장님들의 땀 흘리는 일상은 나태함에 익숙해질 때쯤 적당히 아프지 않게 자극을 주는 좋은 채찍질이 되어 준다. 그런 자영업 성공 신화의 주인공으로 나오는 사장님들의 이야기를 보고 있자면, 그 열정과 오랜 시간 버텨낸 인내에 깊은 존경의 마음이 생기는 건 당연하다. 하지만 매번 볼 때마다 가슴 한쪽에 안타까움도 남는다.

프로그램 제작진들이 어느 정도 의도한 것이긴 하겠지만, 항상 에피소드 끝부분에 힘들었던 시절을 이야기로 구성해 보여준다. 소홀했던 가족에게 그렇게 또 미안함을 표현한다. 커가는 아이들과 어린이날에 놀이공원 한 번 가지 못하고,

30년의 결혼 생활 동안 아내의 생일 한 번, 결혼기념일 한 번 챙겨주지 못하고, 가족과 여행 한 번 가보지 못하고, 평생을 '장사'에 매달려온 그 사장님들의 사연을 듣고 있자면, 가슴 한편에 밀려오는 먹먹함을 어쩔 수가 없다.

다시 못 올 시간을 추억 없이 보낸 아쉬움과 함께하며 추억거리를 남겨주지 못한 가족을 향한 미안함을 TV 카메라 앞에서 '그동안 미안하고 고마웠어'라고 말 한마디 하는 것으로 보상할 수 있을까?

장사에 내 인생의 모든 것을 걸지 않길 당부드린다.

평생 가족을 위해 자기 몸 하나 아끼지 않고 장사라는 전쟁터에서 버티고 계신 수많은 사장님에게 다시 한번 분명한 존경의 마음을 보낸다. 같은 장사꾼의 길을 가고 있지만, 나로서는 흉내 내기도 힘든 노력과 인내의 시간을 보낸 분도 많다. 하지만 그 존경의 마음과는 별개로 안타까운 마음도 적잖이 크다. 각자의 인생이 끝나갈 즈음에 평생의 기억을 떠올릴 때, '열심히 장사했다.' 이 한 문장이 끝이라면 장사꾼으로서는 성공한 삶일지 모르겠지만, 하늘이 주신 한 번의 인생 전체를 평가하는 성적표에는 그다지 높지 않은 점수가 적혀 있을 것이다.

하나에 모든 것을 걸지 말자. 자칫 그 하나가 배신했을 때,

자신은 그 절망의 늪에서 헤어 나오지 못하게 될 것이다. 즐기면서, 쉬어 가면서, 놀아 가면서, 아이들이 자라나는 것을 부부가 함께 봐가면서, 그러면서 장사든, 사업이든 일해도 충분히 성공할 수 있다. 조금은 느리게, 조금은 덜 성공하여도 가족과 함께 즐거운 추억을 쌓은 인생이 더 좋지 않겠는가?

정답은 우리가 초등학생일 때 우리의 부모님들이 입버릇처럼 잔소리하신 이 말 속에 있다.

"놀 때 놀고 공부할 때 열심히 하라."

일해야 하는 시간 동안 일에 나의 혼을 다 바치는 것으로 충분하다. 가족과의 시간, 나를 위한 시간은 따로 챙겨두자. 미래의 성공한 내 모습도 중요하지만, 오늘의 나와 가족의 행복도 더없이 중요하다.

능력도 운발도
보통입니다만

일요일의
나에게 선물을 주자

보통의 직장인들에게 금요일 저녁부터 주어지는 주말 휴식 시간이, 장사꾼인 나에게는 토요일 오후 5시부터 시작된다. 생각해보니 학교에 다닐 때도 주 6일 등교가 아닌 적이 없었고, 직장생활을 하던 90년대 후반에도 토요일 출근은 당연한 것이었다. 그래서 토요일이 휴무가 아닌 삶을 살아도 딱히 불만은 없다. 일요일에 쉬기 시작한 것도 5~6년 전인 40대 중반부터였으니까, 이제야 가지게 된 일요일의 휴식도 가끔은 사치스럽게 느껴질 지경이다.

과거, 일요일에 장사했던 시절에도 나름의 규칙은 있었다. 주중에 매일 8시에 퇴근하며 열심히 일했으니, 일요일 오후 4시 퇴근은 나에게 주는 선물과 같은 것이었다. 퇴근하자마자, 항상 했던 약속대로 집에서 기다린 아내와 딸을 차에 태우고 대전 곳곳을 다니며 짧지만 알찬 휴일을 즐겼다.

그렇게 일요일 오후 4시부터 주어졌던 짧은 휴일에 비하면,

토요일 오후 5시부터 주어지는 지금의 주말 휴가는 너무나 감사하고 넉넉한 선물 같다. 남들보다 짧은 휴일에 대한 보상 심리일까, 지금도 우리 가족은 매주 다가오는 일요일 휴일 계획을 마치 여름휴가 계획을 짜듯, 월요일부터 열심히 준비한다.

나는 토요일 퇴근 후 일정을 출근하는 주중과 다르지 않게 매우 세세하게 짠다. 토요일에는 퇴근하고 저녁 식사 후 30분 정도 가벼운 잠을 잔 다음 일어나 토요일 장사 Vlog 영상을 쭉 편집한다. 토요일은 출근부터 퇴근할 때까지 온종일 매장 속 일상의 모습을 촬영하여 Vlog 형식으로 유튜브에 올리고 있다. 토요일 영상은 원본 자체가 길어서 열심히 편집에 집중해도 자정은 되어야 쭉 편집이 마무리된다. 그다음 날은 출근하지 않는 일요일이니 '넷플릭스'나 '왓챠'에서 영화 한 편을 보며 감성을 충전하는 호사를 누린다. 퇴근 후 30분간 쪽잠을 자두는 이유는 새벽 2시까지 영화를 보기 위한 준비이기도 하다.

일요일 아침에는 늦잠을 자고 싶어도 평소와 같이 7시가 되면 어김없이 눈이 떠져 버린다. 하지만 바로 침대에서 나오지 않고 1시간 정도 포털 사이트 뉴스를 검색하는 약간의 게으름을 부린다. 8시쯤 침대에서 일어나 전날의 편집을 보충하고, 구상 중인 영상 콘텐츠의 구체적인 스토리보드를 만들어 본다. 대부분 나의 영상은 매장 내에서 벌어지는 일상의 모습을 담은 것이라서, 딱히 촬영에 준비가 필요하진 않지만, 광고 영상이나 나름 공을 들이는 기획물은 어떻게 구성해야 할지 충분히 고민해야 한다.

10시 즈음 가족들이 일어나면, 요리 영상을 비롯해 여러 가지 실험적인 영상을 함께 찍어본다. 내 영상을 보시는 분들은 알겠지만, 요리 영상 시리즈는 망했다…. 하지만 20년 후 우리 후대 사람은 나의 요리 철학?을 이해해 줄 것으로 믿는다. 그런 작업이 끝나면, 12시 즈음이 된다. 지난주 토요일에 찍은 영상을 올린 후 빠르게 옷을 챙겨 입고 집에서 탈출한다. 이제부터 장사꾼 허수아비, 유튜버 허수아비가 아닌 한 아내의 남편, 한 아이의 아빠가 되어 후회 없는 휴일을 즐긴다.

어느 일요일에는 잠실 월드 타워 꼭대기 층에 올라가 서울 시내를 내려다보며 과분한 야망도 가족들과 나눠보고, 어느 일요일에는 밑도 끝도 없이 인천국제공항으로 향하는 드라이브도 해본다. 어느 날은 저 멀리 하남 스타필드도, 여의도 IFC몰도, 코엑스도, 남산도, 압구정동 현대백화점도 가보고 가로수길, 경리단길 등 한 번쯤 들어봤음 직한 서울의 웬만한 장소는 다 누비고 다닌다. 서울에 이사 온 지 이제 3년 차가 되었지만, 토박이로 서울에 사는 사람들보다 더 많이 서울 곳곳을 휘젓고 다니고 있다.

이렇게 열심히 일요일을 보내는 이유는 가족과 함께 새로운 경험을 하기 위해서가 두 번째 이유이고, 일로만 인생을 보내는 것이 너무 아까워서가 첫 번째 이유이다. 나에게 주어진 온전한 나만의 휴일인 일요일을 잠으로만, 컴퓨터 게임으로만, 드라마 시청으로만 보내버리는 것이 너무나 아까워, 억지로라도 진정한 휴식과 다양한 경험으로 휴일을 보내고 있다.

월요일부터 토요일까지 쉼 없이 달려온 나에게 딱 하루 온전히 주어지는 가족과 함께 보낼 휴일을 이불 속에서, TV 앞에서, 휴대 전화 게임만 하면서 보내는 건 자신이 용납할 수 없다. 허투루 시간을 보내고 창 너머 어둑어둑해지는 일요일 저녁을 만나는 건, 얼마나 화가 나는 일일까?

일요일 저녁은 평일 저녁보다 더 힘들게 보내야 한다. 그렇게 보내기를 권한다. 평일에 쓰는 에너지는 남들에 의해 소비되는 에너지이고, 일요일에 쓰는 에너지는 나를 위해 능동적으로 사용하는 에너지이다. 그렇다면, 일요일에 쓰는 에너지를 더욱더 열정적으로 소비해야 하지 않을까?

"토요일 저녁 침대에 들어갈 때, 내일 보낼 시간에 설레어서 가슴이 두근거려야 합니다. 내일 아침 눈을 뜨면, 온전히 가족과 함께할 행복한 일요일이 기다리고 있으니까요."

나를 알리려다가 오히려 중요한 것을 가린다

2006년 8월 6일부터 2018년 10월 28일까지였으니 꼬박 12년 하고 두 달 22일, 절망의 끝에 선 우리 가족에게 희망을 줬던 시간이다. 나의 30대, 40대 대부분을 보냈던 그곳, 대전 노은동 매장. 나의 인생에서 가장 오랜 시간을 보냈던 장소, 대전 유성구 노은동 537-3번지. 나에게 너무나 고마운 장소이다.

대전 매장은 지하철역에서 거리가 멀다. 사실 대전은 아직 지하철 1호선만 운용 중이라 어디든 지하철역과 가깝기가 힘들다. 심지어 매장 앞 4차선 도로는 그 흔한 노선버스 하나 지나지 않는 이면도로이다. 가장 가까운 버스 정류장도 400m 정도 떨어져 있다. 입지로만 봐서는 그렇게 교통이 편한 곳은 절대 아님에도 단골이 되어 준 많은 분에게 감사하다.

6~7년간 고군분투 후 여유가 생겨서 벽을 허물어 옆 칸까지 매장을 확장했다. 그 후 대전 매장은 정확히 가로 8m, 세로 8m의 정사각형 모양이 되었다. 합정동 매장보다 넓은 것은

아니지만, 상암동 매장보다는 5평 정도 넓고 컴퓨터 케이스를 넣어둘 적당한 크기의 창고도 있어, 실제보다 기분상으로 훨씬 크다는 느낌을 주는 매장이다.

전면은 두 개의 문과 통유리로 되어 있고 뒤쪽의 반은 건물의 내부 벽면으로 가려져 있어도 나머지 반은 큰 유리로 되어 있어 햇볕이 잘 들어오는 매우 개방적인 구조이다. 니는 업종을 불문하고 매장은 내부가 개방되어 외부에서 누구라도 시각적인 접근이 가능해야 한다고 생각하는 편이다.

그 외에도 매장 진열 관련 몇 가지 철칙을 세워 놓았다. 그중에서 가장 중요한 원칙은 매장 전면에 허리 높이 이상의 홍보 포스터를 붙여서, 손님이 매장 내부 전경을 보는 데 방해하지 말라는 것이다. 매장 중앙에 진열대를 놓는다고 해도, 허리 높이약 72cm 이하인 것으로 준비한다. 상품을 진열하더라도 매장 전체에 시선을 주는 데 방해하지 말아야 한다. 많은 상품을 진열하기 위해 높은 진열대를 두거나 많은 것을 이야기하고 싶은 욕심에 매장 전면 유리에 덕지덕지 홍보 포스터들을 붙이는 것은 매장을 폐쇄적으로 보이도록 한다. 이러한 원칙은 예전에 유통 회사에서 근무하면서 교육받은 것 중의 하나이다.

많은 것을 보여주기 위한 노력이 정작 보여주고 싶은 것을 가리는 패착이 되어버리기도 한다. 지금 가게를 운영 중인 자영업자가 이 글을 읽고 있다면, 이 점을 깊이 생각해보기를 바란다. 혹시나 나를 알리기 위해 마련한 것들이 나를 가리고 있었던 건 아닌가, 잠깐이라도 고민해 보기를 바란다.

능력도 운발도
보통입니다만

"사장님,
장사 참 편하게 하시네요"

"사장님 장사 참 편하게 하시네요. 장사 잘되시겠어요."

　서른 살이 되던 해에, 대전에서 자그마한 피시방을 창업하여 여러 의미로 힘든 나날을 보내고 있을 때, 비꼬듯 내뱉은 어느 손님의 한마디가 20년 지난 지금 나의 장사 철학에 큰 원칙을 만들어주었다.

　피시방을 운영하던 그 시절, 단골손님 중 유독 욕을 입에 달고 사는 손님이 있었다. 욕에 알레르기가 있는 나는 숨도 못 쉬게 끊임없이 내뱉는 손님의 욕을 참지 못해 한마디 해버리고 말았다.

"욕이라는 건 상대를 깔보고 겁을 줄 때 사용하는 것이다. 그래서 꼭 나를 향한 것이 아니더라도 들리는 것 자체만으로 불쾌감을 줄 수밖에 없다. 내 가게 안에서, 내

앞에서, 내 가게를 이용하는 손님들 앞에서는 그런 욕
은 삼가기 바란다."

당연히 그 손님은 아주 기분 나쁜 눈빛을 나에게 보내며
맞받아쳤다.

"사장님, 장사 참 편하게 하시네요. 이렇게 손님 가려가
면서 받고 장사 아주 잘되시겠어요."

이처럼 비아냥대는 말을 남기고 그는 떠나버렸다.
곤란한 손님으로 마음고생 많이 하시는 사장님들께 감히
말해본다.

"장사 편하게 하셔라. 할 수 있다면 손님을 가려가면서
받아라. 사장님의 마음이 편해야 가게에 좋은 기운이
흐르며, 그 기운은 직원들에게도 전달되고 손님들도 그
기운을 받아 갈 수 있다. 아무리 많은 매상을 올려주는
손님이라고 해도 사장님이나 직원의 마음을 다치게 한
다면, 그 사람은 손님이 아니다."

가게에 오는 수많은 손님 중에 나쁜 영향을 끼치는 손님이 없을 수는 없다. 중학교나 고등학교 고작 30명이 모인 반에서도 범상치 않은 아우라로 반의 분위기를 흐리는 급우가 있고, 군대나 회사도 마찬가지이다. 그런데 내 가게를 방문하는 수백, 수천 명의 사람 중 그런 손님이 왜 없겠는가?

대외적으로 '고객 제일주의'를 내세우는 대기업들도 이미 알게 모르게 손님을 가려 받으려고 다양한 기술적 방법을 동원하여 실행하고 있다. 몇몇 '나쁜' 급우가 반 전체 분위기를 흐리듯, 몇몇 '부적절한' 손님이 매장과 기업의 분위기에 해를 끼칠 수 있음을 알기에 그런 새로운 원칙을 실행하는 것이다.

나쁜 영향력은 매우 빠른 속도로 전염되어 간다. 우리 가족의 생계를 책임져주고 피땀 흘려 일군 사랑하는 나의 가게는 나와 직원들이 즐겁게 일하는 가게, 찾아주신 모든 손님이 만족감을 느끼는 가게, 그런 가게가 되도록 운영해야 한다.

그 목적을 실현하기 위해 손님을 가려서 받아라.

능력도 운빨도
보통입니다만

그때 그 결정을
하지 않았다면…

가끔 침대에 누워 있다가 온몸을 떨고 식은땀을 흘리며, 몸을 일으킬 때가 있다. 자기랑 나이가 동갑이라 푹신함은 '똥꼬' 털에만 겨우 남은 곰돌이 인형에 코를 박고 자는 딸을 보다가 깜짝 놀란 마음에 가슴이 철렁할 때가 있다. 14년 전, 그러니까 2006년에 들어간 돈의 아까움과 내 소중한 시간을 바친 미련 때문에 망해버린 걸 알면서도 마지막 남은 자존심을 버리지 못해 피시방을 계속 붙들고 있었다면, 나와 우리 가족은 지금….

'어디서 좋은 게임을 준비 중이라는데, 그 게임이 나오면 손님이 늘어나겠지.'
'다음 주에 학생들 중간고사가 끝난다는데, 그러면 지금보다 나아질 거야.'
'어, 그런데 또 길 건너편에 PC 100대짜리 새 피시방이

개업을 준비 중이네.'

'내 피시방 컴퓨터들은 이제 다 늙다리가 되어 버렸는데….'

'하지만 이 컴퓨터들도 한때는 정말 끝내주는 최신 컴퓨터들이었다고. 조금만 더 업그레이드를….'

'그래, 3년 전 들어둔 보험을 깨고 그래픽 가드만 새로 넣으면, 새로 생기는 피시방에 밀리지 않을 거야.'

'그래, 곧 여름이 올 거야. 그럼 더운 길거리를 피해 우리 피시방으로 손님들이 들어오겠지.'

'아니면, 겨울에…. 그래, 겨울이 되면 추워서라도 올 거야.'

'잠깐, 내 피시방 컴퓨터들이 또 그만큼 나이가 들어버렸네.'

'또 깰 보험이 남아 있나? 적금은 들어둔 게 있었던가. 분명히 있었는데…. 아, 지난봄 업그레이드 때 깨서 다 써버렸구나.'

'어, 벌써 내 나이가 서른여섯 살이 되어버렸구나. 분명히 이 지하 컴컴한 피시방을 야심 차게 시작할 때는 서른 살, 젊은 나이였는데.'

'그동안 저 손님들이 뿜어대는 담배 연기를 같이 마시

고 새로 나오는 모든 게임을 해봤지만, 서른여섯 살의 나에게 남은 건 뭐지?'

'그래, 아직 나에겐 비록 낡았지만 이 컴퓨터들과 날 배신하지 않고 와주는 몇몇 단골손님이 남아 있다.'

'조금만 더 대출을 받아서 다시 시작해 보자.'

업종은 다르겠지만, 자영업을 하는 사장 대부분은 이런 마음으로 이미 숨이 끊어져 버린 자신의 영업장을 버리지 못하는 게 현실이다. 그동안 쏟아부은 젊음과 돈을 향한 미련 때문에…. 나도 그랬으니까.

'이미 가망이 없구나'라는 것을 느끼기 시작한 건 2005년 봄쯤이었다. 하지만 저 미련의 끈을 놓지 못하고, 아니 어쩌면 이미 그 끈은 놓쳐 버렸는데 새로운 끈을 찾지 못해 하루하루 썩어가는 가슴을 동여매는 고통을 안고 출근하는 것이 일상이 되어버린 시절이었다.

이제 곧 초등학생이 되어 자기의 부모가 가난하다는 것을 알게 될 딸아이, 백화점 옷 한 벌 사본 적이 없고 마트의 퇴점 시간에 맞춰 피시방에서 벌어온 꾸깃꾸깃한 지폐 몇 장을 고이 들고 가 유통기한 임박 식료품만 사 오는 아내. 아무런 희망도 미래도 없는 시절, 나의 30대 중반이었다.

2006년 봄, 그 봄에 6년 전 대당 150만 원 주고 산 컴퓨터들을 고물 폐기업자에게 대당 15,000원에 넘기고, 인테리어에 들어간 3천만 원을 버리고, 30대에 바쳤던 6년의 세월을 버리고 돌아서겠다는 뼈 아픈 결정을 하지 못했더라면, 그랬더라면 지금 나는 어디에 있고 나의 아내와 딸은 어떤 모습으로 하루를 보내고 있을까. 생각만 해도 순간 온몸의 털이 솟구치고 등줄기에 진한 한 줄기의 땀이 흐른다. 버리고, 포기한다는 것. 가끔은 그것이 새로운 것을 시작하는 출발점이 된다는 것을 나는 서른여섯 살의 나이에 알게 되었다.

그렇게 그때부터 대전 만년동 테크노월드에 월급도 받지 못하는 신세로, 여섯 달을 이 매장 저 매장 떠돌이 신세로, 하루 2~3만 원을 벌어 아내에게 가져다주는 생활을 시작했다. 그리고 6개월 만인 2006년 8월 6일, 형수님이 빌려주신 500만 원과 어떻게든 통장에 남겨뒀던 500만 원을 합친 1,000만 원으로 대전 노은동 매장 보증금과 간판 대금을 마련하였고 잘 쌓아 뒀던 인연들의 도움으로 컴퓨터 부품들을 외상으로 받을 수 있게 되어 장사를 시작했다.

그때, 그 결정을 하지 못하고 이미 망해버렸음을, 실패했음을 인정하지 못해 그 자리에 계속 머물러 있었다면 나와 나의 가족은….

지금 나에게는 그 시절이 과거가 되어버렸지만, 그때 나의 상황이 지금 현실인 수많은 자영업자가 우리 주변에 많다. 감히 내가 그분들께 내 경험에 비추어 한마디 하는 것이 허락된다면, 나는 이렇게 이야기하고 싶다.

'오늘의 당신은 아직 늦지 않았다. 하지만 내일의 당신 은 늦는다.'

능력도 운빨도
보통입니다만

퇴역 장군과
이발소 소년

아주 어릴 적, 그러니까 아마 초등학교 때 읽었던 동화로 기억한다. 이 동화는 아마 중세에서 근대로 막 넘어오는, 그러니까 본격적으로 세계대전이 발발하기 전, 유럽이 아직 지금의 지도로 형성되기 조금 전의 이야기였던 것 같다.

어느 작은 마을에 퇴역한 장군이 들르게 되었다. 그 장군은 많은 전장에서 수많은 적을 죽여 이름을 날린 명장이었다. 그 장군은 마을의 한 이발소를 찾아가 턱의 윤곽이 보이지 않을 정도로 덥수룩하게 자란 자신의 수염을 면도해 달라고 했다. 자기의 수염을 상처 하나 없이 깨끗하게 면도해주면 금화를 한 닢 주겠노라며, 금화가 두둑이 들어 있는 듯한 자루에서 금화 하나를 꺼내 테이블에 올려놓았다. 이발소의 모든 직원이 금화에 탐을 내어 서로 자기가 면도를 하겠다고 나선 그때, 그 장군은 이번에는 금화를 주겠다는 것과 반대되는 조건을 한마디 던졌다.

"하지만 만약 면도하면서 조금이라도 내 살에 상처를 낸다면, 나는 가차 없이 그 사람을 이 칼로 찔러서 죽여 버릴 것이다. 난 이제껏 모든 마을에서 그렇게 해왔다."

그러면서 보기에도 흉측한 칼 한 자루를 그 금화 옆에 나란히 놓았다.

전혀 농담처럼 보이지 않는 장군의 말에 그 이발소의 주인부터 모든 직원이 뒷걸음질 칠 때 누구도 예상하지 않은 지원자가 나타났다. 그 지원자는 병든 어머니와 둘이 살며, 이발소에서 심부름이나 하면서 곁눈질로 면도를 배운 열 살 정도의 소년이었다.

장군은 그 소년을 물끄러미 보더니 "네가 나이 어린 소년이라 해서, 내 규칙이 바뀌는 것은 아니다. 정말 너의 목숨을 걸고 내 수염을 깎을 수 있겠느냐?"라고 질문했고 소년은 너무나 또렷한 목소리로 그 질문에 명쾌하게 "네!"라고 대답했다.

그 이발소의 사장과 직원들은 그 불쌍한 소년을 말렸다. 제대로 면도를 해본 적도 없어 장군의 턱에 상처를 내고 장군에게 죽임을 당할 것이 뻔해 보였기 때문이다. 하지만 너무나 당당한 소년의 태도에 어쩔 수 없이 물러설 수밖에 없었다.

그 소년은 마지막이 될지도 모르는 인사를 어머니에게 하고 오겠다며, 장군에게 부탁했다. 장군의 허락으로, 이발소가 영업을 마친 저녁 시간, 모두가 퇴근한 뒤에 면도하기로 하였다.

운명의 시간이 다가왔다. 장군과 어린 소년 단둘이 이발소 안에 남았다. 그리고 목숨을 건 면도가 시작되었다. 소년은 서툴긴 했지만, 끝까지 침착함을 잃지 않았고 장군의 수염을 꼼꼼하고 깨끗이 정리해 나갔다. 끝날 것 같지 않던 목숨을 건 면도는 아무 탈 없이 마무리되었다. 장군은 오랫동안 목숨을 건 지원자가 나오지 않는 바람에 너무나도 덥수룩하여 불편했던 수염이 깨끗하게 면도 된 것에 너무 만족하는 한편, 소년에게 궁금했던 질문을 던졌다.

"소년아, 나는 네가 조금이라도 실수해서 내 얼굴에 상처를 냈다면, 너를 가차 없이 죽이려고 했다. 모두가 포기했는데, 넌 도대체 어떤 용기로 내 수염을 깎겠다고 한 것이냐?"

장군의 그 질문에 소년은 잠시 머뭇거리다가 이렇게 대답했다.

"사실 저는 낮에 어머니께 인사하러 간 게 아니고 제 짐을 꾸리러 갔던 것입니다. 만약 제가 장군님의 수염을 면도하다가 상처를 낸다면, 그 순간 바로 그 면도칼로 장군님의 목을 베어서 죽여버리고 장군님이 가지신 모든 금화를 뺏은 다음 집으로 가서 어머니와 함께 이 마을을 도망치려고 했습니다."

소년의 그 솔직한 대답에 장군은 자기가 여태껏 얼마나 위험한 도박을 하고 다녔는지 깨닫게 되었다. 이제껏 자기한테 죽은 수많은 이발사 중 한 명이라도 지금 이 소년과 같은 생각을 한 사람이 있었다면, 이미 자신은 오래전에 죽은 사람이 되었을지도 모를 일이었다.

지금껏 자기가 얼마나 어리석었던지 깨닫게 해준 소년에게 진정한 감사의 마음과 함께 약속한 금화 외에 자신의 미련함을 깨닫게 해준 보답의 의미로 금화 한 닢을 추가로 주었다. 장군은 그 후 면도 받을 때 다시는 그런 위험한 요구를 하지 않았다고 한다. 동화에는 나오지 않았지만 추측하건대, 그 장군은 그 이후에 들른 이발소에서는 이렇게 말하지 않았을까 한다.

"이보게 이발사 양반, 내 턱이 울퉁불퉁 못생겨서 면도하기가 좀 까다로울 거라네. 혹 면도하다가 조금 상처가 나더라도 내 못생긴 턱 탓이니 너무 미안해하지 말고 그저 조금 조심해서 열심히 면도해주기 바라네. 그럼, 난 자네가 내 수염을 깎아주는 동안 편히 한숨 잠이나 자겠네."

내가 이 기억도 제대로 나지 않는 지루한 유럽 동화의 한 꼭지를 이야기한 이유는 이제 장사를 막 시작하는 초보 사장들에게 '직원을 대하는 방법'에 관해 이야기하고자 함이다.

모든 직원은 실수할 수 있다.

모든 직원은 된장찌개를 주문받아 놓고는 주방에 김치찌개로 잘못 주문을 넣을 수 있고,

모든 직원은 75,000원으로 계산해야 하는데 7,500원으로 잘못 계산할 수 있고,

모든 직원은 근무시간에 잠깐 짬을 내어 휴대 전화 게임을 할 수도, 깜빡 졸 수도 있다.

사람이니까.

직원의 모든 실수에 너무 민감하게 반응하여 질책하면, 그 직원은 동화 속 소년처럼 사장의 목을 노릴지도 모른다. 자

신이 꼼꼼히 검토해서 뽑은 직원이라면 충분히 능력은 갖추었을 것이다. 그렇다면, 직원의 능력을 믿고 맡기는 자세도 필요하다. 어쩌면 일하면서 발생한 실수는 너무 과하게 꾸짖지 않아도 충분히 보완할 수 있는 사소한 실수일 것이다. 노력하는 직원의 실수를 꾸짖음으로만 대하면, 그 직원은 좌절하고 노력을 포기할지도 모른다. 그리고 모든 직원이 꾸짖음을 두려워하며, 창의적인 노력을 기울이지 않을 것이다. 그 결과는 직장 전반에 부정적인 영향을 끼칠 것이 분명하다.

나는 직장 생활할 때 나의 과오를 덮어주고, 격려해주고 이해해 주던 상사를 여전히 기억한다. 내가 책임져야 하는 직원들의 실수인간적인, 그리고 해서는 안 되는 실수를 포함하여에 관용으로 다가가는 마음을 가진다면, 직원들은 사장을 월급 주는 사람으로만 대하는 것이 아니라 마음을 나눌 수 있는 어른으로 대하게 될 것이다. 그러면서 직장에 애정을 가지고 헌신할 것이며, 함께 발전하기 위해 노력할 것이다.

상암동에서 다시
합정동으로

2018년 10월 30일, 대전에서 서울 마포구 상암동으로 매장을 이전한 후 1년간은 정말 바쁘고 정신없었지만, 신나는 일의 연속이었다. 대한민국에서 공식적으로? 가장 안전하면서 가장 심심한 도시로 항상 거론되는 대전에서 18년을 살다 왔으니, 40대 후반에 다시 시작한 서울에서의 생활이 얼마나 반갑고 분주하면서도 재미있었을까.

그렇게 1년여 시간 동안 서울에서 생활하면서도 나의 마음 한쪽에는 항상 도전 정신과 새로운 곳으로의 갈망이 자리 잡고 있었다. 상암동에서의 매장 운영이 어느 정도 익숙해지자, 나는 곧바로 매장을 이전하기 위해 새로운 장소를 물색하러 다니기 시작했다.

나는 상암동 가게를 참 좋아했다. 점심시간이면 잠시 자유인이 되어 분주히 움직이는 직장인들을 보며 25년 전 직장인이었던 시절의 기억에 들어가 보는 것도 좋았고, 하루의 피곤이 끝나는 시간쯤 퇴근할 때 마중 나온 아내와 딸과 함께 MBC 방송사 앞에서 tvN 본사까지 이어지는 도시 냄새 물씬 나는 거리를 한가로이 걸으며 이야기 나누는 저녁 산책도 나에겐 큰 선물이었다.

그렇게 서울에서의 생활에 큰 즐거움을 안겨준 상암동 매장이었지만, 대전에서 옮기기 전부터 우려했던 세 가지 염려는 서울로의 이전 후 방문객이 늘어나고 매출이 올라가면서 실질적인 문제로 다가오기 시작했다. 그 세 가지는 다음과 같다.

첫 번째 문제는 위치였다.

상암동은 서울의 왼쪽 위 끝자락에 자리 잡고 있어서, 같은 서울이긴 하지만 마포구나 서대문구, 강서구 정도를 제외하고는 접근성이 너무 떨어지는 문제가 있었다. 심지어 같은 마포구이기는 하지만 마포의 오른쪽 끝에 있는 공덕이나 이대 쪽만 하더라도 찾아오기에 그리 만만한 거리가 아니었다.

서울로 매장 이전을 준비하며, 당연히 기대했던 것은 접근성이었다. 서울 전체뿐만 아니라 경기도 일대까지 손님이 찾아오기 편하게 하자는 생각이었다. 하지만 그 기대는 반감되어 버리고 말았다.

그리고 두 번째 문제는 지하철역까지의 거리였다.

지방보다 주차비가 비싸고 교통 체증이 심한 서울로 이전하면서 당연히 지하철역에서의 접근성과 주차 시설에 큰 비중을 두고 고려하지 않을 수 없었다. 지하철이 중요한 교통 수단인 젊은 남성들이 주 방문객인 컴퓨터 매장을 차리는 데 대중교통 접근성을 고려하는 것은 당연하다.

그러나 여기서 실수가 있었다. 상암동 매장은 왕복 4차선 도로변에 있어 자동차로의 접근성은 더할 나위 없이 좋았지만, 지하철을 이용하여 내점하기에는 처음 생각했던 것만큼 그리 좋은 입지는 아니었다.

대전에 있을 때 포털 사이트에서 제공하는 지도로 봤을 때는 상암동 매장 인근에 6호선, 공항철도, 경의중앙선, 세 개의 지하철 노선이 있어 지하철을 이용한 접근성이 용이할 거라고 판단했다. 하지만 막상 가게를 오픈하고 보니, 상암동 DMC 지역 자체가 지하철역에서 걸어오기엔 벅찰 만큼 멀리 있다는 것을 알게 되었다. 지하철에서 내려 도보로 접근하기에는 너무 먼 거리여서, 두세 정거장 버스를 타고 환승해 가며 와야 했다. 자차를 이용하지 못하는 손님들이 무거운 컴퓨터 본체를 들고 다니기에는 썩 편한 여정은 아니었다.

마지막으로 세 번째 문제, 가장 치명적인 약점을 간과했다. 좁은 매장 공간이다.

상암동 매장의 실제 평수는 14.5평이었다. 20년 장사를 해오며 쌓은 잡다한 경험으로, 매장을 보는 눈이 생겼다고 나름 오만했던 탓일까, 아니면 18년 만에 다시 도전하는 서울 생활에 들뜬 탓일까, 대전 매장 면적의 반 가까이 작은 크기에게다가 창고도 없는데 월세는 5배나 비싸다는 약점을 제대로 인지하지 못했다. 변명할 수 없는 실수였다고 인징해야겠다.

대전에서와는 비교할 수 없을 만큼 많은 손님과 유명인들의 방문은 서울로 이전하며 기대하고 예상했던 것이었지만, 좁은 공간은 그 이점을 원활히 감당하기에 역부족이었다. 그리고 DMC라는 지역 프리미엄으로, 면적에 비해 비싼 월세도 더는 감당하기 어려웠다.

그렇게 1년간 고민한 후 내린 결론은 2년의 임대 기간을 다 채우지 못하고 이전해서 남은 계약 기간의 월세를 내는 손실이 생기더라도 서둘러 매장을 이전해야겠다는 것이었다.

매장 이전을 계획하며, 고려했던 10가지 조건

매장 이전 계획 영상
QR 코드

서울로 매장을 옮기고 두 달 후인 2018년 12월에 사는 집도 대전에서 서울로 이사했다. 어느 정도 서울에서의 새로운 생활과 상암동에서의 장사에 익숙해져 가던 2019년 여름 즈음부터 아내와 함께 매장 이전에 적합한 상권을 찾아보기 위한 탐험을 시작하였다.

첨부한 QR 코드 영상에서 볼 수 있듯이 거의 1년간 주말이면 서울 전 지역을 찾아다니며 선입견 없이 상권을 조사했다. 월드타워나 코엑스 같은 대형 쇼핑몰 입점도 배제하지 않았다. 동네 컴퓨터 가게가 대형 쇼핑몰 입점을 고려한다니, 어찌 보면 참으로 무모하며 건방진 발상일 테다. 대전에서 서울로 매장을 옮길 때는 상권을 탐색할 방법이 포털 사이트의 지도밖에 없었지만, 이제는 내 눈으로 직접 유동 인구와 접근성을 확인하며 비교할 수 있으니 너무나 좋았다.

매장을 이전할 장소를 찾아보며, 명확한 10가지 입지 조건을 세웠다.

하나, 지하철역 출구에서 도보 3~5분 이내로 접근할 수 있는 곳.

둘, 버스 하차 후 3~5분 이내에 접근할 수 있는 곳.

셋, 지하철 2호선 주변. 적어도 두 개 이상의 지하철 노선이 만나는 곳.

넷, 크기가 최소 지금의 3~4배인40~60평대 곳.

다섯, 자동차로 접근이 편하도록 강변북로, 올림픽대로에서 5분 이내에 올 수 있는 곳.

여섯, 서울뿐만 아니라 경기도나 지방에서의 접근을 지금보다 30분 이상 줄일 수 있는 곳.

일곱, 완벽하게 주차할 수 있는 곳.

여덟, 이름만 대면 누구나 알 수 있는 '핫플레이스'가 있는 곳.

아홉, 주변에 놀고 즐길 데가 많은 곳.

열, 방범이 좋은 지역.

컴퓨터라는 게 가볍지 않다 보니 들고 5분 이상 걷는 것은 무리다. 그리고 컴퓨터 부품들이 생각보다 비싼 점도 염두에 두고 조건을 정했다.

길고 긴 상권 분석 결과, 마포구 합정동으로 매장을 이전하기로 마음먹었다. 물론 합정동 매장이 이 열 가지 조건을 모두 만족하는 것은 아니다. 하지만 가장 중요한 조건인 접근성, 매장의 크기, 좋은 주변 인프라_{손님이 대기하는 동안 구경거리가 될 만한}를 갖췄다는 것으로 주요한 필요조건을 충족해서 결정한 것이다.

그렇게 2020년 5월부터 허수아비 컴퓨터는 '합정동 시즌'을 시작하게 되었다. 합정동으로 이전하며 비우게 된 상암동 매장에 새로운 세입자가 들어오질 않아, 6개월 동안 내야 했던 월세는 3,300만 원이었다. 거기다 6개월간의 관리비까지 더해서….

그렇게 또 한 번의 교육비를 내야 했다.

능력도 운빨도
보통입니다만

1명의 손님을 버리고
10명의 손님을 받아라

스물여섯 살, 유통회사에 입사하여 현장 교육을 받을 때 늘
듣던 이야기가 있다.

"모든 고객을 내 가족처럼 대하고, 우리 매장에서 최고
의 만족감을 느끼고 돌아가게 하자."

십수 년간 장사하며 내린 이런 요구에 관한 판단은 '현장
에서 1년 치의 장사 경험도 없는 명문대나 유학파 경영학과
출신들이 모인 대기업의 미래전략팀에서 머리로만 만들어낸
허울 좋은 구호일 뿐이다'라는 것이다.

몇 년을 같은 팀으로 일하는 회사 동료들도 내가 없는 점
심 식사 자리에서 나의 흉을 볼지도 모르고, 수십 년을 알고
지낸 친구들도 술자리에서 내가 잠시 화장실을 간 사이 나를
안줏거리 삼을 수도 있다. DNA를 공유하는 가족들조차 뒤

에서 흥을 보는 경우가 허다할 만큼 사람 사는 세상 당연한 일인데, 내 가게에 들어와 나에게 무언가를 주문하기 전까진 전혀 일면식도 없던 수많은 손님 모두를 어떻게 가족처럼 대하고 최고의 만족감을 느끼게 한 채 돌아가게 할 수 있을까?

톨킨John Ronald Reuel Tolkien이 쓴 『실마릴리온The Silmarillion』에 등장하는 전지전능한 유일자 '에루 일루바타르Eru Ilúvatar'조차도 자신의 창조물인 '아이누르Ainur' 중 일부에게는 사랑받지 못하여 질투와 시기의 대상이 되는데, 한낱 인간인 직원에게 세상 모든 이를 만족하게 하라고 강요하는 회사의 창립이념은 얼마나 잔인한가.

어차피 세상 모든 사람이 나를 좋아할 수는 없다. 어차피 내 가게에 오는 모든 사람이 나의 영업 방식을 좋아해 주고, 내가 파는 제품에 만족할 수는 없다. 어차피 나의 유튜브 영상을 보는 모든 사람이 '좋아요'만 누르게 할 수는 없다. 이 세상 누구도 나라는 사람을 싫어하는 단 한 사람이 없을 수가 없다.

그런데 가끔 우리는 지나치게 자만한다. 내가 신념을 가지고 옳다고 생각하는 길을 꾸준히 걸어가면, 언젠가는 세상 모든 사람이 나의 노력에 박수를 보내줄 것이라고.

"모두가 내 가게의 인테리어를 좋아해 줄 것이고 내 매장의 음식을 맛있다고 할 것이며, 나의 접객 행위를 즐거워해 줄 것이다."

살아오며 수백 번 우린 이 말을 내뱉어 왔을 것이다.

"저 인간은 정말 나랑 안 맞아. 정말 인연을 끊고 싶다."

그 대상이 친구라 생각했던 사람일 수도 있고, 헤어진 전 남편이나 아내일 수도 있다. 당연히 회사의 부장이나 사장일 수도 있다. 우리는 살아오며 정말 나와는 너무나 맞지 않는 사람과 인연이 생겼을 때 모른 척하거나 이별하기도 한다. 심지어는 가족 관계를 끊어버리는 선택도 하게 된다. 그런데 하물며 장사하다가 스쳐 지나가는 그 수많은 손님과의 관계에서 그래선 안 될 절대적인 이유는 없다.

어느 비 오는 날 처마 밑에 비를 피하고 있는 노인을 매장 안으로 불러들여 따뜻한 차를 건네며 몇 시간 호의를 베풀었는데, 알고 보니 그 노인이 미국 철강 왕으로 불리는 '카네기'의 어머니였다는 소설 같은 이야기를 한때 대기업에서 신입 사원 교육 자료로 사용했던 적도 있다. 하지만 하루 백 명의 손님이 드나드는 매장에서 그 교훈을 상기하며, 한 명의 손님에게 몇 시간 동안 에너지를 쏟아 친절을 베풀고, 나머지 99명의 손님에게도 똑같이 나의 시간과 웃음을 제공할 능력이 우리에게 있을까.

주변의 모든 이에게 칭찬받고 친구가 되고 싶은 사람일 수 없는 것처럼, 장사에서도 모든 방문객에게 최고의 만족감을 주는 서비스를 제공하는 것은 불가능하다. 프랜차이즈 회사가 매장에 '키오스크'라는 기계를 더 많이 들이게 된 이유는 주문받는 아르바이트생을 뽑지 않아 인건비를 줄이려는 것보다, 주문받을 때 발생하는 근무자들의 스트레스와 고객 크레임 발생 자체를 아예 차단해버리려는 오랜 고민을 거친 끝에 도출한 최고의 방법이기 때문이라고, 나는 생각한다.

한 사람의 접객에 2분 내외가 걸리는 햄버거 가게에서도 그 짧은 시간의 대화에서 벌어지는 크레임을 견디지 못하여 무인 기계로 주문을 받고 있는데, 한 명의 손님을 응대하는 데 수십 분의 시간이 걸리는 업종에 종사하는 사장과 종업원의 스트레스는 어떻겠는가?

'선택과 집중'이라는 것은 대기업의 경영 전략에만 사용되는 것이 아니다. 자그마한 동네 가게에도 응용할 수 있다. 그리고 그 선택과 집중이라는 것은 내가 판매하는 아이템에만 국한한 것이 아니다. 나의 가게에 오는 손님들에게도 해당한다.

버려라, 슈퍼맨 콤플렉스.

능력도 운빨도 보통입니다만

원가를 계산하는 방법

음식 장사를 처음 하는 사람에게 "라면 한 그릇을 판다면, 원가를 얼마로 잡아야 할까?" 하고 물어보면, 대부분은 라면값에 달걀, 기본 반찬 정도를 더해서 원가를 이야기한다. 조금 더 고민을 많이 한 경우에는 원가에 직원의 인건비나 전기세, 가스 요금 등을 더해서 계산하는 정도이다. 하지만 둘 다 틀렸다.

나는 구글 시트를 이용해서 장부를 작성하고 있는데, 원가를 크게 두 가지 항목으로 나누어 계산해 정리한다.

첫 번째 원가 항목은 단순히 '판매가 - 매입 비용'을 계산한 것이다.

먼저, 매일 판매한 컴퓨터 판매가에서 부품 가격을 빼고 남은 금액을 기록한다. 단순히 더하기 빼기만 하면 되는 간단한 원가 계산이라서 이 첫 번째 원가 산출 방법은 특별할 게 없다.

중요한 건 두 번째 원가 계산 항목이다. 이 항목은 실제 세무 처리가 되는 것과는 거리가 먼 것으로, 나의 각오가 담긴 원가라고 생각하면 된다. 한 달을 기준으로 지출되는 항목을 아래와 같이 크게 다섯 가지로 분류하여 정리한다.

1 임대료를 포함하여 매장을 사용하면서 발생하는 비용이다.

임대료, 관리비, 전기 요금, 수도 요금, 일반 전화·인터넷요금, 보안 업체 이용비_{일반적으로 6~10만 원}를 말한다. 그리고 가게 보증금 1년 치 중 4% 정도도 비용으로 계산한다.

예를 들어, 가게 보증금이 1억 원이라면, 월 30만 원 정도를 원가로 계산한다. 이것은 1억 원이라는 돈을 가게 보증금으로 넣어버린 것에 대한 기회비용 손실분이다. 나의 경우에는 대출받은 집 전세금 이자도 원가로 가정하고 있다. 물론 이런 것은 세법상 비용 처리가 되지는 않는다. 우리 가족이 먹고사는 데 들어가는 비용 일부도 원가에 계산해 넣겠다는 각오로 이러한 항목을 추가하는 것이다.

그리고 매장 인테리어 감가상각비, 가게 유지 보수비, 직원과 손님들 간식에 드는 비용, 그 외의 창업하며 들어간 대출금 이자도 관리 원가로 잡는다.

임대료	XXX원
전기, 수도, 관리비	1,800,000원
전화 요금	40,000원
인터넷 요금	0원
캡스보안 시스템 이용료	66,000원
대출 이자집 전세	XXX
가게 보증금 이자	250,000원
인테리어 감가상각비	150,000원
가게 유지 보수비	30,000원
직원, 손님 간식비	50,000원
노란우산 대출 이자	50,000원

2 사장 본인 관련 비용이다.

이 항목 역시 실제 소득세 신고 시에 비용으로 인정되지 않지만, 나의 점심 밥값, 출퇴근 주유비혹은 교통비와 가족에게 지급하는 아르바이트 급료도 원가라는 각오로 계산하고 있다. 요즘에는 딸이 출근하여 촬영과 편집뿐만 아니라 매장 일을 돕고 있어서, 정식으로 직원 등록을 하여 급여를 지급하고 있다. 아직은 학생 신분이라, 주 2회 정도만 출근하고 있다.

사장 식대	100,000원
사장 유류비	50,000원
이쁜이부인 식비	0원
이쁜이+귀염둥이딸 유류, 교통출퇴근 비용	50,000원
딸 급여	XXX원

③ 직원 관리 비용이다.

매장 관리 비용과 더불어 원가에서 가장 큰 부분을 차지하는 항목이다. 단순히 직원 월급만 계산하는 게 아니라 직원 복리 후생 비용부터 인사 관리와 관련해 발생하는 모든 비용을 포함한다. 그리고 국가에서 받는 고용 지원금이나 두루누리 지원금 등이 있다면, 감하여 기록한다. 일반적으로 고용 지원금은 3~6개월 정도 지급된다.

직원 2 월급	XXX원
직원 2 복리후생	XXX원
직원 4 월급	XXX원
직원 4 복리후생	XXX원
직원 6 월급	XXX원
직원 6 복리후생	XXX원
국가 지원금	-XXX원
직원 7 월급	XXX원

직원 7 복리후생	XXX원
국가 지원금	XXX원
직원 4대 보험	XXX원
일자리 안정자금	-140,000원

4 세금과 세금 관리 비용 등, 세금 관련 항목이다.

세금 중 부가세는 작년에 납부한 부가세 금액을 12로 나누어 매월 비용으로 잡는다. 소득세도 마찬가지 방법으로 적용해 두면 된다. 그에 더하여 주민세, 지방세와 자동차세도 빼먹어서는 안 된다. 그리고 세금 처리를 세무 대리인에게 맡기고 있다면, 그 비용도 정리해 둬야 한다.

5 카드 수수료.

이 항목을 간과하는 자영업자가 많다. 만약 1년 카드 매출이 10억 원이라면, 1년에 2천만 원가량, 매월 170만 원 정도가 카드 수수료로 발생한다. 거의 직원 1명 월급이나 웬만한 가게의 월세 수준의 돈이 카드 수수료로 나가는 것이다. 물론 매출이 적을수록 카드 수수료율이 내려가기는 하지만, 매출이 줄어서 카드 수수료 할인 혜택을 받는 것이 목표인 자영업자는 없을 것이다.

세무 대행비	600,000원
부가세	XXX원
소득세	XXX원
카드 수수료	XXX원

이야기만 들어도 숨이 턱 막히는가? 아니면, 무슨 말도 안 되는 걸 다 원가로 잡으라고 하느냐는 생각이 드는가?

제품 원가든, 생활에서 발생하는 비용이든 장사를 시작하는 순간 100원 한 장까지 장사하며 벌어들이는 돈으로 해결해야 한다. 직장인이었을 때 회사 화장실에서 사용하던 두루마리 휴지, 회사 탕비실에서 하루 두 잔씩 마시던 캡슐 커피도 사장이 된 지금은 나의 수익에서 하나씩 감해야 하는 비용이다. 물론 내가 사용하는 것뿐만 아니라 직원들이 사용하는 것까지 모두. 직장인이었을 때는 4대 보험의 반을 회사가 내주었지만, 장사를 시작하는 순간 이제는 내가 직원들의 4

대 보험 절반을 내야 한다. 4대 보험 역시 비용에서 제법 큰 비율을 차지한다.

매월 1일에 새로운 장부를 만들며, 그렇게 계산한 원가를 마이너스적자로 잡고 장부를 시작하자. 어떤 시기에는 3백만 원 적자부터 시작할 것이고, 어떤 시기에는 3천만 원 적자부터 시작하기도 할 것이다. 그리고 매일 장사를 해나가며 며칠이 되었을 때 그달의 장부 금액이 마이너스에서 0손익분기점이 되는지 기록해 가자.

장사를 시작한 초기에는 대부분 마이너스를 채우지도 못하고 한 달 또는 두 달이 지나가 버릴 것이다. 그렇게 몇 달간 적자인 시기가 지나가고 어느 달인가 나의 열정 70%에 운 30%가 더해진 때가 와서 드디어 매월 30일이 끝나기 전에 '0'을 달성하는 시기가 올 것이다. 창업한 후 처음으로 적자에서 벗어나게 된 때가 말이다. 그렇게 다음 달에는 더 큰 노력을 보태어 25일 즈음에 0이 되고, 또 다음 달에는 노력에 더 큰 운이 더해져 20일 즈음에 0이 될 수도 있을 것이다.

보통 매월 20일에 장부의 저 금액이 0이 된다면, 정말 성공했다고 볼 수 있다. 한 달 중 남은 열흘 동안의 수익이 정말 순수한 수익이자, 그대로 저금할 수 있는 이익이다. 그렇게 장사를 해나가며 저 장부가 0이 되는 날짜를 매달 하루씩

당겨오는 재미, 그것이 어쩌면 진정한 장사의 재미이지 않나 생각한다.

장사를 시작하기 전 함부로 '행복 회로'를 돌리지 마라. 항상 최악의 상황을 가정하고 최고의 원가와 비용, 최악의 매출과 수익을 산정하라.

장사하게 만드는
유혹들

많은 사람이 쉽게 이야기한다.

"회사 다니기 힘든데, 때려치우고 장사나 하지, 뭐. 회
사 다녀봤자 한 달에 한 번 받는 쥐꼬리 같은 월급 저금
해서, 언제 차 사고 집 살래."

장사를 시작하기 위한 너무나 합리적이고 당연한 이유가
사방에서 유혹한다. 직장인들이 사표를 내고 장사나 할까,
고민하여 그려보는 장밋빛 미래는 보통 이렇다.

'새벽 출근길 지하철에서 빈자리 눈치싸움만 하다, 결
국 엉덩이 한 번 의자에 걸쳐보지 못한 채 아픈 발목과
허리를 안고 출근해서는 기껏 듣는 첫마디가 보기 싫은
김 부장의 잔소리일 뿐이다. 그렇게 점심시간의 짧은

자유를 기다리고, 또 해방의 퇴근 시간만 기다리는 나 자신이 한심하다. 이 회사에서는 더 이상 희망이 없다. 사장은 올해 직원들이 고생한 덕분에 작년보다 매출이 20% 오를 거라고 하는데, 그래봤자 연말에 몇십에서 몇백만 원 성과금이라도 조금 나오면 다행이지. 사표를 내고 내 사업을 시작해서 지금 이 회사에서 하는 만큼만 일하면, 지금보다 2배, 3배, 아니 10배는 많은 돈을 벌 수 있지 않을까? 내가 이 회사에서 1년에 만드는 매출이 수억, 수십억 원인데 회사 생활하며 알게 된 인맥을 그대로 내 사업에서 활용하면, 지금 벌이 정도야 우스울 것이다.'

그러면서 퇴사 후 새로운 미래를 꿈꾼다. 점심 식사 시간 매일 가는 식당에 손님이 가득 차 있는 것을 보며, 망상에 빠진다.

'이 사장님은 직장 상사가 있는 것도 아니고, 나처럼 골치 아픈 프로젝트에 시달리지도 않겠지. 매달 성과 보고 때마다 소화 불량에 걸리는 일도 없겠지. 그러고도 이 많은 손님이 벌어다 주는 돈은 얼마나 많을까?'

이제는 숫제 혼자서 그 찌갯집의 원가율과 테이블 회전율을 계산한다. 퇴근 후 동료들과 회식 차 들른 삼겹살집은 왜 그렇게 손님이 많아 보이고, 집에 가져갈 아이스크림 하나 사려고 들른 아파트 입구의 배스킨라빈스는 그 날따라 왜 그리 붐비는지, 부러운 마음이 든다. 그리고 이런 생각도 들 것이다.

'내가 저 식당 사장님이라면 시스템을 조금만 바꿔 직원을 한 명 줄이면서 매출은 두 배로 늘릴 수 있을 것 같은데, 여기 사장님은 그걸 모르시네. 내가 한마디 조언해드릴까? 캠프장에서 친구들에게 칭찬받은 나만의 바비큐 레시피를 이 삼겹살집에 도입하면 손님들이 줄을 서가며 먹으려고 몰려올 것 같은데 말이야.'

내가 보는 가게들은 왜 그렇게 항상 손님이 붐비고 장사가 잘되어 보이는 것일까? 그건 여러분이 그 가게에 가는 시간이 다른 손님들도 항상 가는 그 시간이기 때문이다. 여러분이 낮 12시에 점심을 먹으러 가는 것처럼 옆 사무실, 옆 건물의 직장인들도 그 시간에 점심을 먹으러 나오니, 내 눈에 보이는 회사 앞 음식점에 항상 손님이 많은 것처럼 보이는 것이다. 모든 회사가 같은 시간에 하루 업무를 마치고 고깃집에서 회식을 하니, 회사 앞 막창집은 항상 북적북적해 보이는 것이다. 일과에 지친 아빠들이 집에 들어가기 전 사랑스러운 아이를 위해 아이스크림을 사러 매장에 들르기 때문에, 그 퇴근 시간이 겹쳐서 손님이 많아 보이는 것이다. 상가를 보러 가겠다고 하면, 부동산 중개인은 당연히 일부러 손님이 북적이는 점심시간 즈음에 약속을 잡는다.

캠프장에서 만든 바비큐는 아무리 맛이 없더라도 좋아하는 사람들과 좋은 곳에서 함께 보내는 행복한 분위기가 맛을 더해준다. 직장 생활하며 쌓은 인맥은 퇴직 후엔 사라진다. 가게를 차리는 순간 그저 안부 전화나 나눌 수 있는 사이가 되어버린다. 그것도 길게 잡아 6개월이나 될지….

점심에 매일 가는 찌갯집 사장님이 키오스크 기계를 들이지 못하는 이유는 점심에만 몰려드는 손님을 접대하려고 값비싼 기계를 들이기엔 비용을 감당할 수가 없기 때문일 것이다. 손님 하나 없는 시간에도 점심때와 똑같은 직원이 있는 이유는 손님이 없는 시간대에 급여를 주지 않으려고 직원들을 내보내는 것이 절대로 합리적인 직원 관리가 아니기 때문이다. 손님이 붐비는 식사 시간대에만 급여를 주는 가게가 있다면, 그 누구도 그 가게에서는 근무하려고 하지 않을 것이다.

장사하고 싶은 나의 눈에는 보고 싶은 것만 보이게 된다. 정말 장사를 하고 싶다면, 여름휴가를 반납하고 하고자 하는 업종을 운영하는 가게에 방문해 온종일 지켜보기를 바란다. 마음에 둔 가게 건너편 카페 창가 자리에 앉아서 그 가게의 사장님이 문을 여는 시간부터 문을 닫는 시간까지 매일 12시간 이상 지켜보기를 바란다. 아마 실시간으로 눈앞에서 장사로 성공하겠다는 환상이 깨질 것이다.

절대로 장사는 여러분이 계획한 대로 되지 않는다.

능력도 운발도
보통입니다만

능력도 운빨도
보통입니다만

제 2부
유튜브는 성공의
또 다른 기회

유튜브라는 새로운
기회를 만나다

2016년 봄이었던 것 같다. 대전에서 매장을 운영할 때 조금 더 친분 있는 단골손님이 한 분 있었다. 지금도 개인 휴대 전화 주소록에 번호가 저장되어 있고 여전히 연락이 닿는 손님이다. 그 손님의 이력을 간단하게 이야기하면, 대전에서 유명했지만 부도가 나버린 건설회사 사장님의 동서 되는 분이다. 매형의 건설회사가 부도나자 몇몇 직원이 모여 작은 건설 회사를 차린 참이었다. 우연한 계기에 우리 가게에 들렀다가 컴퓨터를 수리하고 구매하면서 이런저런 개인사까지 터놓은 사이가 되어버린 여러 손님 중 한 분이다.

그날도 그 손님의 컴퓨터를 수리하며 두런두런 이야기를 나누던 중이었다. 그러다가 '스케치업Sketchup'이라는 프로그램에 관해 이야기 듣게 되었다. 구글에서 제공하는 3D 설계 프로그램이라는데, 자기가 요즘 그 프로그램으로 사찰을 모델링하는 재미에 푹 빠졌다는 것이었다. 그러면서 스케치업의 작동 방법을 보여주는데…, 그것은 타자기로 리포트를 작성하다가 MS-WORD를 처음 만났을 때만큼의 충격으로 나에게 다가왔다.

그날 퇴근하자마자 스케치업을 컴퓨터에 설치했다. 그리고 스케치업 강좌를 제공하는 네이버 카페에 가입하여, 동영상을 보며 독학으로 열심히 사용법을 배우기 시작했다. 그 네이버 카페의 운영자는 스케치업 외에도 온갖 모델링 프로그램 강의를 다 하는 분이었다. 강의 자체도 재미있고 설명도 맛깔나게 잘해서 몇 번씩이나 강의를 반복해서 보며 배웠다. 모델링 프로그램에 관한 기초 지식이 없던 나는 정말 독학으로, '고시 공부'를 한다는 마음으로 그 동영상 강좌를 열심히 보았다. 단 한 가지 불편함이 있었다면, 내가 설치한 스케치업 프로그램 버전보다 카페 운영자가 강의에 사용하는 스케치업 버전이 너무 예전 것이라는 점이었다.

그러던 중, 그 동영상 강좌에서 한 가지 의문점이 들게 된 것이 있었다. 그 카페 운영자는 동영상 강좌에 항상 두 개의 링크를 걸어 놓았는데, 그중 하나는 '유튜브YouTube' 영상으로 연결이 되는 링크였다. 그리고 매 영상의 설명글에 '가능하면 유튜브에 방문해서 영상을 봐주세요'라는 글을 적어 놓았다. 처음에는 그 이유를 알지 못했다. 어쨌든 고마운 영상을 올려주는 운영자가 권하는 것이니까, 링크를 타고 들어가 유튜브에서 스케치업 강좌를 보곤 했다. 그런데 영상을 볼 때마다 무슨 광고가 뜨는 것이었다. 그 광고를 통해 영상을 올린 사람에게 일정 부분 광고료를 배분해 준다는 것도 알게 되었다. 그 당시만 해도 나는 우리나라 유튜브 1세대들의 존재조차 모르던 40대 중반의 흔한 컴퓨터 가게 사장이었다.

'내가 올린 영상에 광고가 걸리고, 그걸 누가 보면 나에게 수익이 배분된다고?'

그 카페 운영자가 올린 영상의 업로드 날짜를 보니, 어떤 것은 심지어 3~4년 전에 올린 것이었다. '루미온Lumion'이나 '일러스트레이터Illustrator' 강좌 같은 경우, 2012년에 올린 영상도 꾸준히 조회 수가 올라가고 있는 것을 알게 되었다.

'뭐야, 그럼 이 카페 운영자는 몇 년 전에 올린 영상 하나로도 아직 꾸준히 수익을 올리고 있다는 것인가? 음악 저작권, 상표 특허권도 아니고 이런 게 가능한 일인가? 이것이 말로만 듣던 지적 재산권이라는 것인가?'

주저하지 않고 그 길로 유튜브 채널을 만든 후 나만의 영상을 찍어 올리기 시작했다. 처음 만들었던 나의 영상은 구독자 여러분이 알고 있는 것과는 다르게 '부가세, 소득세 신고 요령'을 설명한 영상이었다. 지금이야 유튜브 수익에 관한 세금 계산이 더해지며 복잡해져 버려서 세무 대리인에게 맡기고 있지만, 당시에는 세금 신고를 직접 했었다. 그런 계기로 나는 소규모 자영업자들이 직접 내야 하는 세금을 계산하는 방법을 담은 소박한 강좌를 만들어 올렸다. 그것이 내 유튜브 채널의 시작이었다. 물론 현재 그 세금 관련 영상들은 다 삭제해서 볼 수 없다.

그리고 그다음에는 내가 동영상 강좌를 보면서 배웠던 스케치업 프로그램 다루는 방법을 조금 더 쉽게 초보자용으로 제공해보자는 의도에서 '스케치업 동영상 강좌'를 만들어 올리기 시작했다. 지금도 스케치업 강좌 영상은 내 채널에 남아 있다. 너무 부끄러운 수준이라, 삭제할까 생각도 하였으나 그 부족했던 도전 역시 나의 흔적이란 생각에 남겨두었다.

그렇게 '허수아비'의 유튜브 채널은 시작되었다. 사람과의 인연이 그런 것처럼, 내가 유튜브를 처음 시작하도록 하는 데 도와준 인연도 전혀 예측하지 못한 방법으로 나를 찾아와 주었다.

나의 첫 촬영 장비

나는 유튜브를 시작하며, 도움을 받거나 조언을 들을 수 있는 단 한 명의 사람도 주변에 존재하지 않았다. 업로드는 어떻게 하는지 애드센스Adsense가 뭔지, 썸네일Thumbnail이나 키워드를 어떻게 넣는 건지 등 어떤 것도, 정말 아무도 가르쳐 주는 사람이 없었다.

그냥 무작정 예전부터 가지고 있던 구글 계정으로 유튜브 채널을 만들었다. 배너를 만드는 것뿐만 아니라 자기소개에 사진 넣는 것조차 몰랐기에 심지어 나의 유튜브 초창기 이름은 '아비허수'이기도 했다. 그걸 '허수아비'로 바꾸는 게 왜 그렇게 어렵던지…. 생뚱맞게 거제도 '바람의 언덕'에서 찍은 풍차 사진이 채널 아이콘이기도 했다.

나의 첫 번째 촬영 장비는 '아이폰5'였다. 편집이라는 것은 아예 개념조차 몰랐던 당시라 처음에는 그저 가지고 있는 휴대 전화로 영상을 찍는 것이 내가 할 수 있는 전부였다. 마치 생방송 느낌으로, 대본도 없는 상태에서 2~5분 정도의 영상을 찍어 자막도 없이 그냥 그대로 영상을 업로드한 것이 내 유튜브 채널의 시작이었다. 제일 처음에 올린 영상들은 일부 삭제했지만, 지금도 그때의 영상 몇몇이 내 채널에 남아 있다. 참으로 무식하면서도 용감했던 시절의 영상이라 지금 보면 부끄럽기 짝이 없지만, 계속 나의 채널에 남겨두기로 했다.

그런 저돌적인 영상임에도 불구하고 구독자가 한두 명씩 생기기 시작하자, 촬영 장비를 하나 장만하는 게 어떻겠냐고 아내가 제안했다. 도대체 어떤 촬영 장비를 사야 할지 몰라 몇 날 며칠 인터넷을 뒤졌다. 그때는 왜 유튜브로 검색할 생각을 못 했는지…. 저렴한 것 위주로 찾다가 선택한 것이 '샤오미 액션캠 2'였다. 녹화할 수 있는 프레임이 29까지밖에 안 되는 데다가 '액정 모니터'나 '손 떨림 방지' 같은 건 꿈도 꿀 수 없는 장비였다. 물론 당시에도 고프로 같은 액션캠이 시중에 판매되고 있었지만, 성공 보장도 없는 동네 컴퓨터 가게 아저씨 유튜버에게 그런 고가의 장비는 사치였다. 11만 원. 당시로써는 그 정도도 정말 큰 투자였다. 바로 다음 사진의 액션캠이 지금도 내 책상 위에 잘 보관 중인 그 액션캠이다.

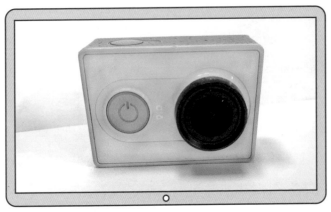

샤오미 액션캠 2

나는 이 11만 원짜리 액션캠으로, 22만 명의 구독자가 내 채널을 구독해줄 때까지 영상을 촬영했다. 더 좋은 캠으로, 더 좋은 화질의 영상을 찍어보자는 아내의 권유에도 너무 비싸다고 괜찮다고, 하며 계속 이 액션캠을 사용했다. 하지만 2년 동안 숱한 '바닥 떨굼'을 겪어서인지 어느 순간 소리가 녹음되지 않는 증상이 생기기 시작하였다. 더는 사용할 수 없게 되어 새로운 캠 구매를 고민할 수밖에 없었다. 그렇게 해서 마련한 것이 지금도 사용하는 Sony의 'X3000'이라는 모델이다.

Sony X3000

이 이야기가 거짓말이 아니라는 것은 2018년 초반까지의 내 영상을 유튜브에서 찾아보면 금세 알게 될 것이다. 30프레임에 소리나 화질이 최근 것보다 많이 부족하다는 것을 금방 알 수 있다.

편집 장비인 컴퓨터도 마찬가지였다. 지금은 그나마 6700K CPU가 장착된 컴퓨터로 편집 작업을 하고 있지만, 불과 1년 전만 해도 내가 사용한 편집용 PC는 i5 750 CPU와 기억도 나지 않는 그래픽 카드가 달린 조립 PC였다. 그것조차도 손님들이 버리고 간 중고 부품으로 만든….

내가 유튜브 이야기를 하면서 왜 장비에 관한 일화를 앞에서 거론하는지 많은 분이 눈치채셨을 것이다. 유튜브를 시작하려는 데 장비가 없어 시작하지 못한다는 변명은 하지 말라는 것이다.

유튜브를 시작하겠다며 컴퓨터를 구매하러 오는 손님이 요즘 들어 부쩍 늘었다. 나는 그런 분들에게 80~100만 원 정도의 컴퓨터로도 충분히 작업이 가능하다고 이야기한다. 그렇게 상담하는 영상을 유튜브에 올리면, 지나치게 저렴한 컴퓨터를 추천해주는 것 아니냐는 댓글이 많이 달린다.

아니다. 그렇지 않다는 증인이 지금 이 글을 쓰고 있다. '촬영 장비를 살 돈이 없어서', '편집용 PC를 구매할 여유가 없어서'라는 말은 절대, 전혀, 아무런 변명거리가 되지 않는다는 것을 내가 증명한다.

참고로 저 앞에 보여준 샤오미 액션캠은 지금 아마존에서 7만 원이면 구매할 수 있다. SPA 브랜드 티셔츠와 바지 한 벌, 혹은 여자친구와의 멋진 데이트 한두 번만 참으면 당신도 유튜버가 될 수 있다.

능력도 운빨도
보통입니다만

누구나
특별하다

"컴퓨터 고치는 영상을 누가 보겠어요. 그냥 매장 일이
나 열심히 해요, 사장님."

처음 내가 유튜브를 시작한다고 했을 때, 당시 대전 매장
의 직원이 했던 말이다. 지금도 함께 근무하는 No. 2가 입사
하기 전의 직원이다.

"재미있는 게임 방송도 아니고, 맛있는 요리를 만드는
것도 아니고, 잘생기고 멋진 연예인이 나오는 것도 아
닌데 그냥 컴퓨터 고치고 조립하는 걸 뭐가 재미있다고
사람들이 보겠어요."

하지만 나는 확신이 있었다. 그 확신의 근거는 10년 넘게
매장을 운영하면서 겪은 손님들의 반응이었다.

지금 운영하는 서울 매장의 개방적인 레이아웃 못지않게, 대전 매장도 상당히 개방적인 구조로 되어 있었다. 정사각형 레이아웃에 가림막이나 파티션은 전혀 없었고 매장 내에 시야를 가리는 것이라곤 허리 높이로 한정된 중앙 진열대가 전부였다. 접수대와 수리대도 개방해 놓아서 누구나 거리낌 없이 수리와 조립 과정을 볼 수 있게 해 놓았다.

내가 수리하거나 조립하는 과정을 손님들은 그렇게 머리를 맞대고 보는 걸 좋아한다. 자신의 컴퓨터가 안전하게 잘 조립이나 수리가 되고 있는지 걱정도 들겠지만, 그것보다는 컴퓨터 부품들이 분해되어가는 과정이나 수리, 조립되어 하나의 PC가 완성되어 가는 과정을 보는 것이 신기하기도 하고 재미있기도 한가 보다. 뭐랄까. 마치 각종 식자재를 가지고 요리가 완성되는 과정을 보는 것이나, 여러 문장이 모여 하나의 이야기가 완성되는 과정을 보는 재미와 비슷한 것일까.

십수 년간 그런 모습을 접하면서 PC 수리나 조립 과정을 영상으로 만들어 인터넷이나 유튜브 등 온라인 공간에 공개하면, 많은 사람이 재미있게 봐줄지도 모르겠다는 생각이 들었다.

유튜브를 시작하려는 분들이 가끔 어떤 콘텐츠로 기획해야 할지 물어보고는 하는데, 나는 이렇게 이야기한다.

"당신이 살아가는 모습, 당신이 일하는 모습, 그 자체가
콘텐츠입니다."

환경미화원이라면, 거리를 깨끗이 청소하는 모습이 콘텐
츠가 될 수 있고 도배나 장판 시공이 직업이라면, 벽지 무늬
를 정확하게 맞추고 장판 틈새를 기막히게 채워 넣는 모습이
콘텐츠가 될 수 있다.

"나는 그런 기술도 없어요. 그냥 평범한 학생이에요. 그냥
평범한 회사원일 뿐이에요"라는 분들도 있다. 그러나 이 세
상에 완벽하게 똑같은 사람은 단 한 명도 없다. 왜 자신의 특
별함을 애써 부정하는지 모르겠다.

자신의 특별함을 믿고 시작한 '허수아비'라는 유튜브 채널
은 나름 작은 성공들을 이루어 나가고 있다. 그리고 그에 따
라, 부정할 수 없는 경제적인 이익이 많이 생겨나고 있다. 이
책을 읽는 여러분에게도 기회는 공평하게 주어졌다. 고민해
왔다면, 지금 당장 시작해도 늦지 않았다.

오늘 하늘의 색깔이 유튜브를 시작하기 참 좋아 보인다.

능력도 운빨도
보통입니다만

자신의 일상에서
좋은 소재를 찾자

우리 가게에도 유튜브를 시작하겠다고 PC 조립을 맡기며, 어떤 콘텐츠로 방향을 정해야 할지 모르겠다는 손님이 자주 찾아온다. 유튜브용 PC를 구매할 때까지 그 고민이 이어질 만큼 사실 결정이 쉽지 않은 문제다.

"먹방을 해볼까, 게임 방송을 할까, 키즈Kids 채널을 해볼까?"

"나는 기술이 없어. 그래, 일단 뭔가 기술부터 배우고 그걸 가지고 유튜브를 해보자."

"요즘 전자제품 리뷰가 대세라는데…. 좋아, 일단 제품들 사서 분해하고…."

실패한다. 1,000명이 그런 마음으로 시작한다면 한 명, 어쩌면 두 명 정도는 성공했다고 할 만한 구독자를 확보하고 수익을 창출할 수도 있겠지만, 그렇게 쥐어짜듯 만들어낸 콘텐츠로는 장기전인 유튜브의 세계에서 버텨낼 수 없다.

하루하루 찾아 헤매다가 억지로 만들어낸 소재, 최근 이슈나 따라잡으면서 끌어낸 자극적인 소재, 자극적으로 지어낸 카톡 창을 짜깁기하고 연예인들 험담이나 되새김하는 소재로 겨우 연명하는 유튜브 채널들. 그런 식의 콘텐츠 생성은 유튜버가 나아가야 할 방향이 아니라고 자신 있게 말할 수 있다.

그러면, 어떤 소재로 유튜브를 시작할 것인가? 나는 기술도 없고 취미도 없는 데다, 리뷰할 상품을 살 돈도 없는데.

두 가지 선택지가 있다.

첫 번째는 그런 자신을 자책하며 유튜브를 포기하는 것이고, 두 번째는 자신의 생활 속에서 자연스럽고 건강한 소재거리를 찾아내는 것이다.

당연히 당신은 두 번째를 선택해야 할 것이다.

예를 들어, 직장인은 직장 생활 속에서 발생하는 다양한 에피소드와 직업 특성에서 찾을 수 있는 소재를 이용한다면, 좋은 콘텐츠를 만들어 낼 수 있을 것이다.

가끔 나에게 찾아와 유튜브 소재를 묻는 사람들과 조금 이야기를 나누다가 그들의 직업에 관한 이야기를 들어보면, 정말 멋진 영상 소재를 가진 분이 많다. 제약회사 영업사원, 20

년 차 주부, 공부보다는 그림 그리기에 관심이 많은 고등학생, 지하철 공익 요원, 소방관님, 연예계를 꿈꾸는 젊은 춤꾼들에 이르기까지. 물론 자신을 평범하다고 말하는 수많은 회사원도 그중에 속한다.

이 세상 어느 하나 평범하고 일반적인 것은 없다. 우리가 의학 드라마, 법정 드라마를 보면서 재미를 느끼는 것은 우리가 의학이나 법이라는 전문 분야에 관해 잘 몰라서 간접 체험할 수 있게 해주기 때문이 아닌가 생각한다.

당신이 한적한 시골 마을인 용두골이라는 곳에서 작은 슈퍼마켓을 운영하는 주부라고 해보자. 도시의 분주함 속에 지쳐버려서 그런 한적함을 선망하는 누군가에게는 '용두골 슈퍼 아주머니'의 고즈넉한 일상을 보는 것 자체가 힐링이 될 수도 있다.

생각보다 우리나라에도 유튜브를 이용하는 사람의 숫자가 빠른 속도로 늘어나고 있다. 그중에는 Vlog라는 형식으로 일상을 올리는 유튜버도 적지 않다. 당신의 따분한 일상이 누군가에게는 포근한 한 편의 '인생극장'처럼 보일 수도 있다. 그것이 유튜브의 세계이다.

마치 다른 사람의 옷을 입은 것처럼 억지로 콘텐츠를 만들어내려 노력하지 말고, 자신의 일상을 있는 그대로 보여주는 것이 유튜브를 시작하기에 가장 좋다고 생각한다.

능력도 운빨도
보통입니다만

유튜버가 되려면,
많은 것을 포기해야 한다

'등가교환等價交換.'

이 말만 들어도 '아, 그거.' 하고 떠오르는 만화가 있을 것이다. 〈강철의 연금술사〉.

'얻는 것에는 그에 상응하는 등가의 것이 교환된다는 법칙'이 이 애니메이션 전반에 걸친 주된 이야기이다. 〈강철의 연금술사〉의 작가는 우리 인생의 모든 선택과 그에 의해 얻어지는 것의 이면에는 그에 상응하여 선택받지 못해 버려지는 것이 있다는 사실을 자신의 만화를 통해 이야기하려 했다고 생각한다.

그 등가교환의 법칙은 우리의 일상에서 하루에도 수십, 수백 차례 벌어지고 있다. 아침 단잠을 10분 더 즐긴 후에 벌어지는 등가교환은 지하철을 타기 위한 뜀박질이 될 것이고, 점심에 선택한 부대찌개는 써브웨이 샌드위치를 대신하는 것이며, 매일 퇴근 후 집에서 두 시간 동안 게임을 즐기는 것은 깨어 있는 내 삶의 1/8을 등가교환한 것이다.

유튜브를 하는 데에도 이 등가교환은 어쩔 수 없이 발생한다.

첫 번째로, 유튜브를 함에 있어서 나타나는 등가교환은 '시간'이다. 촬영과 편집을 하고 업로드 후 댓글을 읽으며 갖는 공감과 소통의 시간, 최소 하루 5시간. 직장에 다니거나 학교에 다니거나, 혹은 가게를 운영하면서 유튜브를 병행하는 많은 신입 유튜버가, 결국 유튜브 채널 운영을 포기하는 것이 이 '시간'의 등가교환을 감당하지 못해서이다.

두 번째는 '감정'의 등가교환이다. 유튜브를 시작하는 많은 사람이 자신들의 영상에 달리는 무차별한 '악플'에 상처를 받고 망가져 간다. 내가 올린 영상은 절대 욕을 먹거나 비난받을 내용이 아닌데 왜 이렇게 미운 댓글들이 달리는지, 그로 인해 왜 자신들의 감정이 소모되고 지쳐가야만 하는지 이해하지 못한다.

등가교환의 법칙을 통해 잃는 이 두 가지를 포기하지 못한 초보 유튜버들은 상처받고 좌절하여 유튜브 세계를 떠나게 된다. 이렇게 이야기하는 초보 유튜버도 있다. '채널에 더 많은 구독자가 생기고, 팬이 늘어나고, 유명해지고, 조회 수가 늘어나고, 나의 편집 기술이 더 좋아지면, 그때는 유튜브에 할애하는 시간도 줄어들고, 악플도 사라지지 않을까'라고 희망 섞인 기대를 한다.

절대 그렇지 않다. 오히려 구독자가 늘어나고 인기가 올라갈수록 더 자주, 더 많이 더 질 높은 영상을 올려야 한다는 압박감을 느끼게 될 것이고 그에 따라 유튜브에 할애해야 하는 시간은 점점 늘어나게 될 것이다. 또한, 유명해질수록 부족한 부분을 콕 집어내는 날 선 비판에 때론 인격적인 모독이라는 양념까지 더한 댓글들이 더욱 늘어날 것이다.

사람마다 대응 방법이 다를 수는 있지만, 이 두 가지 등가교환에 관해 내가 말할 수 있는 조언은 이 한마디이다.

"그냥 받아들여라."

유튜브를 하면서 얻게 되는 것들에 상응하여 잃는 것들도 역시 본인이 선택한 것이므로, 그 시간과 감정의 소모를 인정하고 받아들여야 한다. 물론 '그냥 받아들여라'라는 조언을 쉽게 받아들일 수는 없을 것이다. 그리고 어쩌면, 무책임하게 들릴 수도 있겠다. 하지만 그 시간과 감정의 소모로 얻게 된 성공과 인정의 대가를 생각하면, 받아들임의 철학은 가혹하지만 일면 유튜버로서 수용해야 할 자세이다.

유튜브를 시작하겠다며 컴퓨터를 구매하려고 매장에 오는 많은 사람이 정작 그 '시작'을 하지 못하는 이유 중 가장 먼저 이야기하는 게 '시간'이 부족하다는 것이다. 직장에 다니거나 학생 신분으로, 유튜브를 운영하기 위한 최소한의 시간인 하루 서너 시간을 만들어내기가 힘들다는 것이다. 개인 사정이 다 다르니 무작정 시간을 만들어내서 시작해보라고 하는 건 사실 무리가 있다. 어떤 이는 매일 밤 9시 넘어서 퇴근하고, 학교 과제와 시험공부로 정말 잠깐의 여유도 가질 수 없이 바쁘게 시간을 보내고 있을 수도 있다.

내가 말하는 것은 자는 시간, 공부하는 시간, 회사에서 일하는 시간을 줄여서 유튜브를 하라는 것이 아니다. 흥미도 없는 드라마를 멍한 눈으로 들여다보는 시간, 의미 없이 소파에 누워 그저 손가락이 누르는 대로 SNS의 이런저런 이야기를 보며 소비하는 시간, 스트레스를 푼다는 명목으로 습관적으로 휴대 전화나 PC 게임을 하며 보내는 한두 시간, 일요일 아침 피로가 풀릴 시간을 넘어서도 이불 속에서 늦잠으로 버리는 서너 시간, 그리고 그저 그런 반복되는 술자리로 허비하는 목요일 저녁 시간, 그렇게 의미 없이 버려지는 시간만 끌어모아도 일주일에 2~3편의 영상을 업로드하기에 충분하고도 남는다는 것이다. 바로 일상 중에서 쓸모없이 소모하는 시간을 유튜브 영상을 제작하는 데 등가교환하라는 것이다.

의미 없는 시간이라고 해도 나름대로 지친 일상에서 벗어나 휴식을 취하는 시간인데, 어떻게 쉬지도 않고 유튜브에 쏟아부을 수 있겠느냐고 반문하는 독자도 있을 것이다. 물론 그렇게 생각할 수 있다. 하지만 지금도 여러분이 성공했다고 평가하고 멘토로 삼는 많은 유튜버가 얼마나 많은 시간을 쪼개가며, 시간을 유튜브 영상을 만드는 데 쓰고 있는지 안다면 그런 반론은 할 수 없을 것이다. 지하철을 기다리는 2~3분의 시간 동안 떠오르는 영상 제작 아이디어를 휴대 전화에 메모하고, 화장실에 앉아 휴대 전화를 보던 10분을 줄여 편집하고, 퇴근 후 드라마를 보던 1시간을 영상 촬영에 대신 사용하며, 그렇게 시간을 쪼개어 일주일을 9일처럼 살아가고 있다. 버려지는 그 많은 시간을 모아서 유튜브를 위한 시간으로 교환하여도, 여러분은 겸업 유튜버로서 충분히 멋진 첫발을 내디딜 수 있다. 그 정도의 노력도 할 생각이 없다면, 애초에 유튜브를 하겠다고 마음먹지 않는 게 좋다.

그리고 감정의 부침. 어쩌면 이것이 시간을 등가교환하는 것보다 더 힘든 문제일 것이다. 나는 감정 소모에 관한 등가의 대가로 '선택'과 '버림'을 적용했다. 어느 유튜버나 어떤 영상에도 '반대'와 '악플'이 없을 수는 없다. 그것은 유튜브의 세상뿐만이 아니다. 포털 사이트나 SNS, 다른 영상 스트리밍 플랫폼, 하다못해 친구들과의 단톡방에도 격려와 칭찬만으로 채워진 곳은 없다.

잘못된 방향을 지적해 주고, 다양한 의견을 보내주는 유튜브 구독자의 댓글이 있기에 많은 유명 유튜버가 매니저나 카운슬러가 없음에도 불구하고 자신들의 잘못된 영상 제작 방향을 인지하고 수정하여 발전해 나갈 수 있었다. 이런 발전적이고 생산적인 비판의 도움말은 진심으로 유튜버에게는 더할 나위 없이 고마운 것들이다.

하지만 문제는 인신공격과 속칭 '돌려 까기'식 댓글들이다. 이런 유의 댓글은 절대로 유튜버에게 긍정적인 에너지를 불어넣어 주지 않는다. 그러니 버려야 한다. 그런 댓글에 가슴 아픔과 자기 비판도 버려야 하고, 그런 댓글로 나의 영혼을 공격하는 '댓글러들'도 버려야 한다. 다행히도 유튜브에는 '댓글 영구 차단'이라는 기능이 있어, 해당 '악플러'의 댓글 등록을 영구히 차단할 수 있다.

유튜브 시작 초기, 구독자 숫자에 너무 민감하고 단 한 명의 구독자도 놓치기 싫어 악플러조차 가슴으로 품고 이해시키며 내 편으로 만들려는 초보 유튜버가 많다. 나도 그랬으니까. 하지만 그런 것은 절대로 불가능하다. 악플러 몇몇을 붙들기 위해 그들의 공격을 허락하고 방치해 두면, 그들로 인해 내 유튜브 채널 게시판은 싸움터가 되고 진정한 조력자들도 떠나게 하는 원인이 될 수 있다.

그런 악플러들은 그냥 무시하고 차단해버리는 것이 감정을 최대한 다치지 않도록 하는 방안이 될 것이다. 하지만 그렇게 하더라도 악플러들은 새롭게혹은 동일인이 다른 계정을 만들어서 생겨나서 그 전쟁은 쉬이 끝나지 않을 것이고, 당신의 마음은 조금씩 조금씩 다쳐갈 것이다. 그러니 사실 그런 정도의 아픔은 견뎌 버리는 것밖에 딱히 좋은 방법이 없다. 그건 어쩔 수 없이 유튜브를 하며 얻는 많은 이점의 '등가교환'이니….

결국, 다시 결론은 '받아들임'으로 낼 수밖에 없겠다. 유튜브를 하며 얻게 되는 많은 이득을 등가교환하겠다는 생각으로, 모든 어려움을 받아들이겠다는 마음가짐만이 유튜버로서 오래 살아남을 수 있고 발전하는 길이다.

능력도 운발도
보통입니다만

소소하지만,
행복한 동기를 정하자

본격적으로 유튜브를 시작하기 전 대전 매장의 매출도 나름 대로 괜찮은 편이었다.

지역의 컴퓨터 종합상가나 다른 매장들이 온라인 영업에 밀려 문을 닫을 때도 한 명의 직원이었지만 월급 밀리는 일 없었고, 풍족하지는 않았지만 아내가 장 보며 SPA 브랜드에서 옷 사 입는 데는 크게 부족함이 없었다.

하지만 지금은, 자영업자 대부분이 그렇듯 그렇게 넉넉하게 할 수 있는 상황은 아니었다. 절세의 목적으로 나라에서 권장하는 '노란우산 공제' 매달 25만 원과 '연금저축' 매달 33만 원, 이렇게 60만 원 남짓의 노후자금을 비축하고 나면 별도로 저금할 여유는 별로 없었다. 그래도 조금이나마 여유가 있는 달은 30만 원, 50만 원 아끼고 아껴 어떻게든 저금했다. 미래에 어떤 기회가 생길지 모르는데, 운영자금이 없어서 해보고 싶은 걸 하지 못하면 너무 억울할 테니까.

그렇게 열심히 조금씩 모아 피시방을 운영하며 말아먹었던 걸 어느 정도 복구해 갔다. 적금 통장이 조금씩 모양새를 찾아갈 무렵 유튜브를 시작하게 되었다. 처음 유튜브를 시작할 때 아내와 유튜브 수익에 관해 이야기하며, 상기된 모습으로 둘이 마주 앉아 도달한 결론은 '유튜브 광고 수익, 한 달에 30만 원'이었다. 30만 원을 목표로 삼은 이유는 간단했다. 매월 33만 원씩 내는 연금저축의 만기 수령액이 월 25만 원 정도의 금액이었기 때문이다. 월 30만 원이면, 추가로 연금저축 하나가 생기는 셈이니 노후에 손주에게 용돈 넉넉히 줄 수 있고 일주일에 한 번 노부부가 외식하기엔 충분하지 않을까, 하는 생각에서였다.

물론 지금은 그 30만 원이라는 목표를 훌쩍 넘어선 것이 사실이다. 영상 편집의 무게에 지치고 피곤하여, 슬쩍 무기력감에 빠져들 때가 있다. 그럴 때면 '아몬드 브리즈' 한 팩을 유리잔에 따라 마시며, 달빛이 비치는 창가에 서서 생각하고는 한다.

'어이쿠, 우리 손주 놈들 용돈 벌어야지. 자, 힘내자.'

다시 활력을 찾고 모니터를 마주한다.

나는 유튜브를 시작하고 싶다며 찾아오는 손님들에게 이런 마음으로 시작하길 권한다.

　"행복한 목표를 가지고 유튜브를 시작하세요."

　유튜브를 하려는 데에는 각자 나름대로 다양한 목적을 두고 있겠지만, 단연 그중에서 최고의 현실적이고 거짓 없는 목적은 '돈'이다. 일반인뿐만 아니라 연예인이 '팬과의 소통'을 이야기하며 시작하는 유튜브 채널의 본래 목적도 당연히 '돈'이다. 그 목적이 '돈'이라고 해서 나쁜 마음가짐이 아니다. 가장 현실적인 목적을 가지고 순수하지 않다고 이야기할 사람은 없다. 그 돈의 사용처가 행복을 가져다주는 것이라면, 영상 촬영과 편집 작업 또한 행복한 과정이 될 것이다.

　'내가 지금 이렇게 열심히 촬영하는 이유는 우리 집 멍멍이의 간식값을 벌기 위해서다.'
　'나는 지금 어쩌면 미래에 나타날 여자친구와의 데이트 자금을 모으는 중이다.' 이 양반은 솔로 저격이 취미인가 보다….
　'내가 지금 영상 편집을 열심히 하는 이유는 3년 후 떠

날 세계여행을 위해서이다.'

행복한 동기는 여러분의 채널도 행복한 공간으로 만들어
줄 것이다.

장비는
중요하지 않다

다른 유튜버들과 달리 소재지가 개방되어 있고 누구나 찾아
올 수 있는 가게를 운영하고 있다는 이유로, 개인 방송을 시
작하려는 분들이 조언도 듣고 컴퓨터를 구매하려고 찾아오
시는 경우가 많다. 컴퓨터 조립 상담을 하기 전에 손님들이
작성한 '상담 표'를 보며 견적을 뽑는데, '사용 목적'란을 보면
그중 10~20%가 유튜브, 트위치 등의 개인 방송이 목적이다.

　개인 방송을 시작하려는 사람들이 하는 고민 대부분은 '콘
텐츠'이다. 어떤 소재로 개인 방송을 시작해야 할지 도저히
감을 잡지 못하겠다는 것이다. 그런 질문을 들을 때마다, 조
금 곤혹스럽다. 그 질문들에 대답하기 어려워서가 아니라 개
인 방송을 진행할 콘텐츠도 생각하지 않았으면서 컴퓨터, 카
메라, 조명 장비부터 준비하려는 그 상황이 당황스럽다.

　앞서 이야기했지만, 개인 방송을 시작하는 데 있어 비싸고
좋은 장비는 절대, 결코 첫 번째 준비물이 아니다. 콘텐츠도,

개인 방송을 하려는 이유도 정하지 못한 상태에서 장비를 구매하는 데만 수백만 원을 지출하려 하다니….

중학생, 고등학생들이 컴퓨터를 구매하면서 부모님들께 '개인 방송'을 하겠다는 이유로 고가의 컴퓨터 견적을 요구하는 경우가 꽤 많다. 학생들이 개인 방송하겠다는 주 카테고리는 대부분 '게임 방송 스트리밍'이어서 더더욱 고가의 부품들로 조립을 요청하는 경우가 많다. 그 학생들의 진짜 구매 목적이 뭔지는 우리 개개인이 판단하도록 하고….

물론 처음의 목적은 개인 방송을 통해 유명해져 스타 유튜버들처럼 많은 돈을 벌고 싶다는 것이겠지만, 그저 그런 목적 하나만으로 처음부터 너무 비싼 PC를 구매하는 것은 아닌지 우려 섞인 잔소리를 하곤 한다. 게임 스트리밍 시장에서 유명해지고 살아남아 직장을 대신하는 밥벌이로 삼는 것이 참으로 힘들어진 상황이 지금 스트리밍계의 현실이다.

장비가 아니라 콘텐츠와 차별성이 중요하다는 것은 나보다 앞선 선배 유튜버들이 계속 이야기해오고 있는 것인데, 조언을 구하러 오는 '신입 유튜버'들은 그런 선배들의 이야기는 다 무시해 버리고 그저 화질 좋은 카메라, 스트리밍에 필요한 컴퓨터는 무엇인지 검색하는 데에만 많은 시간을 보낸다.

나는 그 신입 유튜버들의 진짜 목적이 '개인 방송'이 맞는

지, 아니면 비싼 장비를 구하기 위해 가족들에게 이야기할 '이유'인지, 아니면 그저 '나도 유튜버다'라는 이야깃거리인지, 잘 모르겠는 때가 있다.

조금 신랄하고 뼈를 콕 찌르는 표현일지 모르지만, 시청자들은 그대들이 몇백만 원짜리 카메라로 촬영하고 몇백만 원짜리 그래픽 카드가 달린 컴퓨터로 게임을 하고, 여러분의 마우스가 무엇인지에는 그다지 관심이 없다. 마치 우리가 즐겨 보는 방송인 〈신서유기〉, 〈삼시세끼〉 등을 보면서 그들이 사용하는 카메라가 어느 회사의 어떤 브랜드인지, 얼마짜리인지 전혀 궁금해하지 않는 것처럼.

'장비를 고민할 시간이 있다면, 콘텐츠를 고민하라.'

나만의 조언이 아닌 많은 선배 유튜버의 공통된 조언이다.

능력도 운발도
보통입니다만

유튜브를 한다는 것은
삶이 달라지는 것이다

유튜브를 내 삶 속에 집어넣는 것은 취미를 하나 가지는 것, 멋진 미드를 하나 골라 전 시즌을 보는 것, 서점 베스트셀러 매대에 진열된 두서너 권의 인문 서적을 읽는 것, 그런 것과는 사뭇 다르다. 정확히 말하면, 유튜버의 길을 가기로 결정하는 것에 관한 이야기이다.

　나에게 유튜브를 시작한다고 컴퓨터를 구매해가는 많은 분이 이런 이야기를 한다.

　"게임을 잘해서 그쪽으로 한번 해보려고요."
　"먹는 걸 좋아하는데, 먹거리 신상품 위주로 먹방을 해보려고요."
　"제가 즐겨 하는 취미가 있는데, 그걸로 유튜브를 해보려고요."
　"그냥 한번 해보려고요."

이렇게 말하는 사람 대부분 제대로 시작도 하지 않는다. 아니, 보통 시작까지는 하지만 당장 늘지 않는 구독자와 조회 수를 보면서, 쉬 지치고 다른 길을 찾는다. '아마 저 나뭇가지에 열린 포도는 아직 시어서 먹지 못할 거야'라며 몇 번의 시도 후 돌아서는 여우처럼.

유튜브를 내 삶 속에 넣는 것은 그저 동아리 하나 들어서 친구들 좀 사귀어 볼까, 하는 정도의 노력과 시간 할애로는 절대 성공에 다다를 수 없는 것이다. 누군가 단기간에 '실버 버튼'을 받고 누구는 잘나가는 연예인과 컬래버레이션 영상도 찍고, 어떤 유튜버는 대기업과 1,000만 원짜리 TV 광고를 계약하는 것 등을 보며 예비 유튜버 대부분은 그 성공한 유튜버들이 그 자리에 오르기까지 얼마나 많이 자기 인내와 자신을 버리는 시간을 지나왔는지는 알려고 하지 않는다. 그저 포털 사이트 기사의 어느 유튜버의 1년 수익이 얼마고 어떤 유튜버가 연예인 못지않은 광고비를 받는다는 제목을 보며, 부러움과 시기 사이에서 갈등하는 자신을 발견할 뿐이다.

흔히 말하는 '대기업 유튜버'가 되어 별도의 촬영팀, 편집팀을 구성하기 전까지는 말 그대로 1인 크리에이터로서 콘텐츠의 구상, 촬영, 편집, 자막 등 모든 작업을 혼자서 해야만 한다. 카테고리나 성향과 능력에 따라 다르겠지만, 보통 10

분짜리 영상 하나를 만드는 데 최소 다섯 시간 이상 필요하다는 게 학계?의 정설이다. 그리고 팀을 꾸릴 정도로 채널이 성장한다고 해도 그 팀이 혼자 할 때처럼 마음에 딱 맞게 움직여지지 않는 것이 문제다. 게다가 10만 명 정도 구독하는 채널의 수익으로는 편집자에게 월급 주기가 그리 녹록지 않다는 게 또한 학계?의 정설이다.

그러면, 반문할 것이다.

"그럼 너나 다른 유튜버들이 이야기하는 것처럼 직장 생활과 유튜브를 병행한다는 건 엄청나게 어려운 것 아니냐? 직장에 다니거나 장사를 하면서 저렇게 따로 시간을 낼 수는 없지 않냐?"

나는 답변을 이렇게 하겠다. 그러니까 더욱더 직장 생활이나 장사와 유튜브를 병행하라는 것이다.

대단한 포부와 장밋빛 설계로 유튜브의 세계에 뛰어든 많은 도전자가 투자하는 시간과 노력보다 너무나 부족한 관심과 까다로워진 수익 창출로 인해 그 단계에 도달도 못 하고 두 달, 넉 달 안에 포기해 버린다. 그러니까 돌아갈 수 있는 후방 근거지를 만들어 두라는 것이다. 그래야 다시 한번 숨을 돌리고 새로운 콘텐츠와 기획을 구상하여 재도전할 기회를 가질 수 있지 않겠는가.

모든 것을 걸어 배수의 진을 치고 도전한다는 것은 1,800년 전 『삼국지三國志』에서나 가능한 소설 같은 이야기일 뿐이다. 돌아갈 집과 직장, 고정적인 수입이 보장된 상태, 지속적으로 타인과의 관계가 유지되는 상태라야 오히려 소재를 잘 발굴하고 트렌드에 맞는 영상을 제작할 수 있다는 말이다.

지금 하는 일과 병행해서는 도저히 시간을 낼 수 없다고 말할 수도 있다. 정말 현재 내 삶에서 그런 자투리 시간을 끄집어낼 수 없는 상태라면, 차라리 유튜브를 시작하지 말고 지금의 일에 더 열심히 임하는 것이 낫다. 요즘처럼 일거리가 부족한 시대에 하루 두서너 시간 멍하니 보낼 여유도 없이 바쁜 직장이라면, 대단한 미래의 가능성이 잠재한 곳일 테니까.

그런 잠재력 넘치는 직장에 다니고 있지 않다면, 퇴근 후 게임을 하는 데 보내는 30분, 드라마나 '넷플릭스' 보느라 보내는 30분, 친구들과 술 한잔하느라 소비하는 한 시간, 엎드려 휴대 전화로 흘려보내는 시간, SNS에 비출 내 삶을 꾸미는 데 쓰는 30분 정도의 여유는 있을 것이다. 그 모든 시간을 유튜브에 쏟아부으면 어떨까?

점심 식사 후 즐기는 커피 한잔의 시간은 콘텐츠를 구상하는 시간으로 할애하면 된다. 퇴근 후 컴퓨터 앞에 앉아 의미 없는 마우스 클릭으로 보내는 시간은 영상을 촬영하는 시간으로 돌리면 된다. 토요일과 일요일 아침 늦잠과 소파에 파묻혀 보내는 시간, 몰아서 '미드' 보는 시간은 찍어둔 영상을 편집하는 시간이 될 것이다.

그런 넘쳐나는 시간을 모두 쏟아부어 하루를 26시간으로 살고 두 가지 직업에 모두 충실할 자신이 있다면, 이미 유튜브를 시작할 마음의 준비는 된 것이다.

지금 이 책을 덮고 바로 유튜브를 시작해라. 내일은 늦는다.

능력도 운빨도
보통입니다만

지치지 않으려면,
망각의 기술을 가져라

욕할 사람은 어떻게든 한다. 빨리 잊어버려라.

장사하면서 유튜브 운영을 동시에 하다 보니, 다른 유튜버와 다른 사장들이 경험하지 못하는 독특한 경험을 자주 하게 된다. 그중에서도 참 어이없어 당혹했던 기억이 있으니, 일을 열심히 한다고 욕먹었을 때다.

여러 번 말했지만, 나는 시간을 낭비하는 것을 정말, 진심으로 혐오한다. 아무리 남는 시간이 생겨도 어떤 일이든 시간을 낭비하지 않는 일을 하고 있어야 직성이 풀린다. 생산적이지 않든, 휴식이든, 아니면 감성 에너지를 충전하는 일이든 상관없다. 시간을 낭비하지 않는 일이면 된다. 그렇게 시간을 계획적으로 쪼개서 보내지 않으면 장사와 유튜브 운영, 가족, 이 모두에 충실하기가 어렵다. 그것이 시간 낭비에 강박증을 가지게 된 이유이기도 하다.

장사와 유튜브 운영이라는 두 가지 생업을 병행하는 나에게 손님들과의 상담 다음으로 많은 시간을 할애하는 업무가 영상 촬영과 편집이다. 그중에서 특히 영상 편집에는 무시 못 할 만큼 많은 시간이 필요하다. 보통 편집 작업은 퇴근 후 저녁 식사를 하고 난 후 밤 11시까지, 그러니까 하루 2~3시간 동안 집중적으로 하고 있다. 얼마 전까진 밤 12시까지 편집했는데, 편집자가 입사한 이후에는 조금 여유가 생긴 덕에 매일 저녁 1~2시간 정도 감성 충전의 시간을 가질 수 있게 되었다.

편집 직원은 광고 영상이나 셀럽분들과의 컬래버레이션 영상 등 공을 들여야 하거나 멋진 편집이 필요한 작업을 주로 하고, 나는 원래 콘셉트?대로 촌스러워도 되는 영상을 편집하고 있다. 하지만 하루 2~3시간 정도로 일주일에 5편 정도의 영상을 만드는 데는 시간이 부족하여, 장사하며 생기는 5~10분 정도의 시간도 쪼개어 틈틈이 편집 작업을 열심히 하고 있다.

식당처럼 특정 시간대에 집중적으로 손님이 몰리는 업종이라면, 손님이 몰리지 않는 시간에 자세를 고쳐 잡고 편집 작업에 집중하겠지만, 딱히 손님이 몰리는 시간이 정해져 있지 않은 업종이다 보니 근무 중에는 규칙적으로 일정 시간을 편집에 할애하기가 어렵다.

지금 합정동에 있는 매장은 복합 상가에 속한 매장이어서 그저 산책하듯이 구경하러 오는 손님이 많다. 그래서 불필요한 부담감을 드리지 않으려고 '직원들이 먼저 적극적인 응대를 하지 않는다'라며 공지해 놓았다. 그런 이유로, 나와 직원들은 매장에 손님이 들어와도 각자 할 일을 하는 게 일반적이다. 그 모습이 꽤 진지해 보이는지 매장에 오신 손님들이 가끔은 매장 관련 업무를 처리하는 중에 편집 프로그램 창을 열어두고 틈틈이 작업하는 나의 모습을 보고 그 집중력에 감탄하고는 한다.

그런데 어느 날 그런 나의 모습을 흉보는 글을 보게 되었다.

"매장에 구경 갔는데, 사장이라는 사람은 앉아서 영상 편집이나 하고 있더라. 가게 참 잘 돌아가더라."

유튜버가 직업인 내가 당연히 해야 하는 영상 편집을 하고 있는데, 그걸 비꼬아서 이야기하다니…. 직업을 가진 사람이 자기의 일에 열심히 임한다고 흉보는 것은 도대체 어떤 사고를 거쳐야 나오는 것일까. 정말 오랫동안 고민하여 알아낸 그런 반응의 이유는 그냥 '꼴 보기 싫다'이다.

'귀하신 손님이 매장을 찾아와 주셨는데, 하던 일을 멈추고 나를 응대해줘야지. 감히 손님을 제쳐두고 직원은 컴퓨터 조립이나 하고 있고, 사장은 유튜브에 올릴 영상 편집이나 하고 있어? 건방진 가게네. 유명하다고 해서 찾아와봤더니, 인성 다 보이는군. 영상에서만 착한 척하는 기껏해야 장사꾼일 뿐이군.'

이것이 그 댓글 작성자의 심정이지 않나 싶다. 이런 식으로 나쁜 감정을 뱉어놓고 가버리는 분들에 의해 다쳐버린 마음을 잘 다스릴 방법을 나와 직원들은 마련해뒀다. 그 방법 두 가지를 알려주겠다.

첫 번째는 '망각의 기술'이고, 두 번째는 그냥 '죄송합니다'라고 하는 것이다.

나의 경우에는 첫 번째 망각의 방법이 더 쉬운 것 같다. 하지만 이 첫 번째 방법대로 할 수 있으려면, 오랜 기간 연습이 필요하다. 망각의 기술이 액티브 스킬에서 패시브 스킬이 되는 데 드는 수련의 시간은 10년 이상 족히 걸린다. 이게 단점이라면 단점이지만, 이 기술이 제대로 익숙해지면 신기하게도 그 속상한 감정만 잊어버리는 게 아니고 그 속상함이 생겼던 상황까지도 최면에 걸린 듯 기억에서 완전히 지워져 버리는 엄청난 장점이 있다.

사건이 발생하고 1시간만 지나면 상황 자체를 기억하지 못하게 되는 기술을 습득해버린 달인의 경지에 도달한 지금이지만, 이 기술에는 꼭 한 가지 단점이 있다. 나에게 감정을 배설하고 간 그 사람이 다시 매장을 방문했을 때도 기억하지 못하고 다시 반겨 버리게 되는 것이다.

두 번째 방법인 '죄송합니다'라고 하는 것은, 사실 첫 번째 망각의 기술보다 더 큰 인내력과 연습이 필요하다. 최소한 나에게는 그렇다. 장사를 20년 넘게 해서 장사하며 발생하는 사람과의 충돌에 이제는 '인'이 박혀 버렸을 법도 한데, '죄송합니다'라고 말하는 스킬은 아직도 완벽히 습득되지 않은 듯하다. 아마 그건 나름의 장사 철학 중 하나와 관련 있으리라.

'돈을 벌기 위해 장사를 하지만, 내 영혼과 자존감을 다
치는 일은 하지 말자.'

이게 그 장사 철학이다. 다르게 말하면, '내가 잘못한 일이 아닌데, 상대가 손님이라는 이유로 죄송하다고 이야기하는 것은 용납하지 않는다'라는 원칙이다. 어쩌면, 장사꾼으로서는 조금 부족한 고집이랄까, 쓸데없어 보이는 자존심이랄까.

지금 이 책을 읽고 있는 직장인, 혹은 자영업 사장인 그대는 '망각의 기술'과 '죄송합니다'라고 하는 것 중 어느 스킬에 스탯을 올리는 게 좋겠다고 생각하는가?

유튜버들이여,
댓글을 이겨내라

원색적인 표현을 빌리자면, 유튜버는 '독고다이'라고 생각한다.

유튜버 등 크리에이터를 위한 MCN이라고 하는 소속사가 몇몇 있기는 하지만, 딱히 연예인 소속사처럼 유튜버를 본격적으로 도와주는 진정한 소속사의 개념은 아니다. 일정을 관리해주고, 세무상이나 법적인 문제들을 깊게 다뤄주는 조직이 아니다. 정확히 말하자면, 현재의 MCN은 기업이나 홍보 대행사로부터 광고를 따와서 그것을 유튜브와 배분하여 가지는 것이 그들의 가장 큰 수익 모델이기 때문에, 연예인 소속사만큼 큰 이익을 내지 못한다. 그러니 연예인들에게 해주는 만큼의 비용과 시간을 유튜버들에게 투자할 이유가 없다.

물론 가끔은 연예인들에 뒤지지 않는 엄청난 금액의 광고료를 받으며 MCN으로부터 적극적인 도움을 받는 대형 유튜버들도 있지만, 현실적으로 우리가 목표로 할 수는 없으니 그 가능성은 아쉽지만 배제하도록 하자.

그런 의미에서 유튜버들은 연예인들과 비교해 거의 모든 것을 혼자 해야 한다. 간혹 가족의 도움을 받을 수는 있겠지만…, 촬영부터 영상 편집, 영상의 사후 관리, 광고주와의 협의 등 대부분을 홀로 해내야 한다. 그중에서도 마음을 다치기 쉬운 일이 있다. 어이없게 들리겠지만, 내 영상에 달린 댓글을 읽고 관리하는 일이다.

댓글로 상처받는 연예인 관련 이야기를 보다가, 가끔 이렇게 말하는 연예인 이야기도 들어봤을 것이다.

"나는 내 기사 댓글 안 봐. 매니저들이 보고 중요한 내용만 피드백해줘. 어떤 기사라도 선플만 달릴 수는 없어. 상감마마도 없을 때 욕한다는데, 어떻게든 악플은 달리게 되어 있어. 굳이 그 악플들에 감정이 노출되어 텐션이 떨어질 필요는 없으니까."

유튜버 생활을 5년 즈음 한 나로서는 다른 것을 제쳐 놓고 연예인들이 가장 부러운 부분이 이런 점이다. 나를 향한 악플을 나 모르게 보고 지워주는 사람이 있다는 것. "그럼 너도 네 영상의 댓글을 안 보면 되잖아"라고 말하는 사람이 있다면, '뉴욕의 깨진 유리창 이론'에 관해 이야기해주고 싶다.

댓글을 안 볼 수는 없다. 관리하지 않을 수가 없다. 그나마 구글에 감사한 것은, 채널 주인에게 댓글을 삭제하고, 악플을 단 '댓글러'를 차단할 수 있는 권한을 준 것이다. 유튜버를 직업으로 하는 한 숙명처럼 나의 감정을 흔드는 댓글 공격은 계속될 것이다.

방법은 분명하다.

부지런히 댓글을 관리해라. 그 댓글에 마음을 다치더라도 매일, 매시간 내 영상의 모든 댓글을 읽고 진정 발전적인 조언을 주는 댓글들은 다음 영상 제작에 좋은 교재로 사용할 것을 추천한다. 어떻게든 나의 감정을 공격하고, 속칭 돌려 까는 댓글은 구글이 채널 주인에게 준 막강한 권한인 '댓글 삭제와 차단'이라는 무기로 즉시 대응하길 바란다.

어떤 논리적인 설명과 노력으로도, 악성 댓글을 쓰는 이들을 절대 이길 수가 없다. 그들과 싸워 이기려 하지 말고, 앞서 말한 최강의 방법인 '망각의 기술'로 대응하길 바란다.

능력도 운빨도
보통입니다만

유튜버로서
한 단계 도약하다

내가 이렇게 지금 '허수아비'라는 그럴듯한 유튜버가 되기까지에는 무엇보다도 나의 채널을 구독해주고 충고와 조언의 댓글을 달아주신 구독자분들의 도움이 첫 번째로 중요했다. 그리고 그와 더불어 외적으로 내가 나름 컴퓨터 업계에서 이름이 알려진 유튜버가 된 것은 '협찬'으로 도움을 준 여러 회사가 있었기에 가능했다.

그중에서도 처음으로 나에게 손을 내밀어준 회사가 있다. 내가 아직은 그렇게 유튜버로서 자리를 잡지는 못한 3년 전 봄, 구독자가 5만 8천 명 정도였을 때였다. 그때까지만 해도 컴퓨터 회사에 연락하여 도움을 청한다는 것 자체를 전혀 생각해보지도 못했다.

어느 날인가 다른 컴퓨터 관련 유튜버들의 영상을 보던 중 아직 출시되지도 않아 만져보지도 못한 부품들을 리뷰하는 영상을 보게 되었다. 그 유튜버가 영상에 보여준 상품들의 회사에서 '광고비'든 '상품'이든 어떤 형태로든 지원받는다는 것을 알 수 있었다. '어, 나는 왜? 나도 나름대로 구독자 숫자로는 밀리지 않는데…'라는 생각이 당연히 들었다.

나보다 구독자 숫자가 적은 유튜버임에도 불구하고, 그들이 받는 지원을 내가 받지 못하는 것에는 세 가지 이유가 있다고 나름대로 유추해 보았다.

첫 번째, 내 채널이 다른 유튜버들처럼 상품성이 없어 보인다는 것이었다. 내가 봐도 다른 유튜버들이 사용하는 촬영 장비나 영상에서 보여주는 컴퓨터는 내 영상의 것보다 몇 배나 고급스럽고 세련돼 보이는 것들이었다. 장비뿐만이 아니었다. 촬영 배경이나 편집 방식도 투박한 나의 것과는 비교가 안 됐다. 그런 차이가 기업의 마케팅 담당자들에게도 보였을 것이고, 같은 값이면 투박해 보이는 허수아비보다는 고급스러워 보이는 다른 유튜버들에게 비용을 쓰는 게 낫다고 판단했을 것이다.

두 번째는 지역의 한계였다. 당시 대전에서 매장을 운영하던 나로서는 서울에 본사가 있는 컴퓨터 회사들의 담당자들과 만날 시간적, 거리상 여유가 전혀 없었다. 당연히 마케팅 담당자들 입장에서 얼굴도 모르는 대전 변두리 컴퓨터 가게의 사장보다는 언제든 협업을 논의하고 쉽게 만날 수 있는 서울 쪽 유튜버들이 우선시되었을 것이다. 실제로, 당시 대전 매장까지 먼 길을 방문해 준 업체는 딱 두 군데뿐이었다.

세 번째는 나 자신의 문제였다. 나는 자신을 알리지 않았다. '이렇게 열심히 하다 보면, 언젠가 컴퓨터 관련 기업들이 먼저 연락하겠지. 자기들 상품을 지원해주고 광고해달라고 할 거야'라고 생각했다. 하지만 아무도, 그 어느 곳도 먼저 연락해오는 회사는 없었다. 나는 그저 노력하지 않고 감나무 밑에 누워 입을 벌리고 있는 방구석 유튜버에 불과했던 것이다.

그 날 바로 한 장짜리 협찬 관련 안내문을 만들었다. 형식이나 규격을 따질 상황이 아니었다. 그리고 곧바로 각 회사 홈페이지에 있는 이메일 주소로, '업무 제휴를 제안 드리오니 검토 부탁드립니다'라는 제목의 문서를 발송하였다. 이메일이 있는 곳은 그곳이 영업부든 고객센터든 따지지 않고 보냈고, 이메일 주소가 없는 곳은 팩스로 보냈다.

다음에 첨부한 내용이 당시 보냈던 '협찬 제안서'의 전문이다.

받는 사람   jeongXX

제목   업무 제휴를 제안 드리오니 검토 부탁드립니다.

1. 저는 컴퓨터 매장을 운영하면서 유튜브 채널(허수아비라는 채널명으로)을 운영하고 있습니다.

2. 제 유튜브 채널을 의외로 많은 분이 좋아하고 많은 피드백을 주고 계셔서, 그 채널을 통해 귀사의 제품을 홍보하도록 협찬을 요청할 수 있을지 문의를 드립니다.

3. 제 유튜브 채널 주소는 https://www.youtube.com/channel/UCyoqlWgyiQmx YiNP_l7KlyQ이고 '허수아비'라고 검색하셔도 쉽게 찾으실 수 있을 것입니다. 현 구독자 수는 5만 8천 명을 조금 넘은 수준이고 전체 조회 수는 9백2십만 회, 일 평균 5~10만 번 정도의 영상 시청이 이루어지는 컴퓨터 조립, 수리 전문 채널입니다.

4. 혹, 제휴에 관심이 있으시다면 연락 부탁드리겠습니다. 감사합니다.

영업장 주소: 대전시 유성구 노은동
연락처: 042-000-0000
e-mail: mouseXXXX@gmail.com

2017년 4월 14일 (금) 오전 10:24

이렇게 모두 22개의 회사에 이메일과 팩스를 보냈다. 그리고 이틀이 지난 후 대략 네 곳 정도의 회사에서 이메일로 답변이 왔다. 그중 한 회사에서 온 답변은 아래와 같았다. 나머지 세 곳의 답장도 내용만 조금 부드러울 뿐, 뜻은 다르지 않았다.

'이 방면으로 도움을 드리지 못하여 죄송합니다. 제품에 대한 정보나 기타 문의 사항이 있으실 때 언제든지 메일 주시면 답변해 드리도록 하겠습니다.'

그리고 다섯 번째로 연락해준 회사…, 메일이 아니고 직접 전화를 준 회사, 구독자 5만 8천 명의 지방 유튜버에게 손을 내밀어 준 딱 하나의 회사가 있었다. 연락해준 담당자의 약속대로 다음 날 그 회사로부터 택배가 왔다. 택배 상자 속에 들어 있던 협찬품은 컴퓨터 파워 서플라이 두 개였다. '고작

첫 협찬 영상
QR 코드

파워 두 개'라고 생각하는 독자도 있겠지만, 그 두 개의 부품으로 인해 나는 '허수아비'라는 브랜드가 컴퓨터 업계에서도 인정받을 수 있겠다는 자신감을 얻었다.

그리고 2017년 4월 20일, 드디어 첫 협

찬품으로 받은 상품의 리뷰 영상을 나의 유튜브 채널에 처음 올렸다. 그 영상은 첨부한 QR 코드로 접속해서 볼 수 있다.

나에게 강한 용기를 심어주고 더 큰 걸음으로 나아갈 수 있게 살짝 등을 밀어준 '행운', 그 회사의 이름은 '마이크로닉 스'이다.

도전과 노력 없이는
성장도 없다

기다린다. 언젠가 좋은 날이 올 것이다. 언젠가는 나의 능력을 알아보고 먼저 손 내미는 '무왕武王'이 나에게도 나타날 것이다. 나는 그때까지 내공을 쌓고, 학식을 높이고, 기술을 키우자. 그러면 주나라 무왕이 아주 우연히 세월을 낚고 있는 나를 발견하여 등용해줄 것이다. 나는 강태공이 될 것이다.

가능할 것 같은가? 불가능하다. 내가 암만 대학원 졸업장 몇 개를 가지고 있다고 해도 삼성전자든, LG전자든 삼고초려三顧草廬 하며 찾아와 모셔갈 곳은 없다.

허수아비 채널이 어느 정도 자리를 잡아가고 구독자가 늘어감에 따라 나는 심각한 고민을 하기 시작했다. 구독자도 늘면서 매장의 수익에도 많은 덕을 보고 있었다. 하지만 나의 목표는 그 정도가 아니었다. 나는 유튜버로서의 목표도 있지만, 컴퓨터 가게를 운영하는 사장으로서 나름대로 굉장히 큰 두 가지 목표를 세워 놓고 있다. 첫 번째 목표는 '서울로 매장

이전'이었고 이것은 이루었다, 두 번째 목표는 너무 거창한 거라서 지금은 공개할 수 없다. 아직도 차근히 준비 중이다.

장사꾼으로서 나의 그런 꿈과 목표에 다가가는 데 꼭 필요한 것이 있었으니, 바로 '스폰서'였다. 내가 암만 유튜브로 이름이 알려지고, 매장에 와주시는 분이 많아졌다고 하여도 여선히 동네 작은 컴퓨터 가게를 운영하는 사장일 뿐이었다. 조금 더 큰 나의 꿈을 이루기 위해서는 컴퓨터 관련 회사들과 좋은 관계를 맺고 도움을 받는 것이 절실하게 필요하다고 생각했다. 그리고 고민에 고민을 수없이 거듭했다.

실제 대전에서 가게를 운영하던 시절 많은 업체에서 협력 관계로 연락을 주었는데 거리상의 문제로 무산된 경우가 많았다. 그런 의미에서 2018년 8월 9일 구글 코리아 교육에 참여한 것은 내 첫 번째 목표를 위해 결심을 다지는 데 결정적인 역할을 했다. 그로부터 딱 두 달 20일 만에 서울로 이사해 가게를 오픈해 버렸으니….

서울로 매장을 옮기는 데에는 큰 장애물이 두 개 있었다. 첫 번째는 기존 대전 매장을 이용해 주신 손님들 컴퓨터 AS와 당시 보살펴주었던 길고양이였고, 두 번째는 감당하기 어려운 서울 매장의 보증금과 월세였다. 첫 번째 고민은 다행스럽게도 뉴텍컴퓨터 입사 동기인 친구가 대전 매장을 인수

해주어 큰 어려움 없이 해결되었지만, 두 번째 고민인 '돈'이 직결된 문제는 그렇게 쉽게 해결될 것이 아니었다.

이사할 매장 후보군으로는 가좌동의 성공 타워와 서대문구의 어느 아파트 상가 1층, 신림동의 상가 1층, 그리고 상암동 매장이었다. 어느 곳이나 월세는 최소 대전의 두 배에서 여섯 배 수준이었다. 대전의 매장 수익 수준으로는 같이 서울로 가기로 한 직원의 급여와 가게 운영비를 내고 나면 유지가 불가능한 수준이었다. 물론 유튜브에서 받는 광고 수익이 있기는 하지만, 그것으로도 감당하기엔 부담이 너무 컸다.

서울로 가게 되면 대전에서보다 매출이 오를 것이라는 막연한 기대감은 있었지만, 그에 반해 대전 매장을 13년 동안 운영하며 꾸준한 수익원이 되어준 많은 단골손님, 관공서, 회사와의 관계가 일시에 정리되어 버리는 것이니 나로서는 큰 도박일 수밖에 없었다.

'대전에 남는다면, 별다른 광고나 홍보에 노력하지 않아도 꾸준히 와주시는 단골손님들과 거래처 덕에 편안히 매상을 유지할 수 있다. 하지만 서울은 다르다. 용산이라는 국내 최대 규모의 전자 상가가 버티고 있는 서울로 가서 지금의 대전 매장 이상 수익을 내며 운영할 수 있을까? 유튜브 수익이 있다고는 하지만, 그것으로 대여섯 배나 높아진 월세를 감당할 수 있을까? 굳이 서울로 갈 필요가 뭐가 있나?'라는 불안한 생각이 들기도 했다.

　그러다가 마침내 그런 고민과 불안감으로 보내는 시간은 제쳐놓고 새로운 도전에 필요한 구상을 하는 데 할애하기로 마음먹었다. 그리고 바로 그 자리에서 11장짜리 제안서를 다시 만들었다. 협찬사와의 계약에 관련한 내용이 다수 있어 모든 내용을 공개할 수는 없지만, 요약하면 내용은 아래처럼 간단했다.

New Message　　　　　　　　　　　　　　　　　　　－ □ ×

받는 사람　　OOOOO

제목　　귀사에 협찬을 제안합니다.

저는 서울로 매장을 이전하여 지금보다 더 유명해질 기회를 가질 예정입니다.
귀 업체에서 지원해주신다면, 귀사의 상품을 적극적으로 취급하고 귀사의 신상품과 홍보물, 로고를 소개하도록 하겠습니다.

저의 미래에 지속해서 지원해주십시오.

　　그때 제안서를 보낸 곳은 모두 대략 스물다섯 개 이상의

업체였다. 그중 부족한 나의 제안서에 답해준 업체는 마이크로닉스, MSI, 대원CTS, AMD, 디앤디컴 등 다섯 곳이었다. 타노스의 대군단과 정면에 맞선 나의 뒤에 '포털Portal'이 열리며, 지원군들이 와 준 것이다. 서울 매장 이전에 힘을 얻기 시작했다.

지금 생각해보면, 이 다섯 곳의 회사, 특히 그 이전에는 특별한 인연이 없었던 디앤디컴의 경우 어떻게 나의 장래를 믿고 투자하기로 했는지, 감사한 마음 한편에 궁금증도 남아 있다. 그저 동네 컴퓨터 가게를 운영하면서 유튜브로 조금 유명해진 자영업자가 겁도 없이 국내 굴지의 컴퓨터 업체에 제안서를 보내 확실하지도 않은 미래에 투자하라고 하는데, 덜컥 응해 주다니…. 지금은 '웨이코스'라는 업체가 더해져서 여섯 곳이다.

아, 한참 써 내려가다 보니, 이 이야기의 교훈을 써야 할 시간이 되어버렸다. 내가 이 이야기에서 말하고자 하는 것은 이것이다.

'당신이 진정으로 하고 싶은 일이 있고 이미 신발 끈을 질끈 묶었다면, 할 수 있는 모든 방법을 시도하라.'

고민은 그것을 시작하기 전까지면 충분하다.

능력도 운빨도
보통입니다만

유튜브로 성공할 마음가짐, 50%

장사 외적으로, 유튜브 운영에 대해 질문하려고 찾아오는 손님이 많다. 그런 손님들과의 대화 흐름은 대개 비슷하다.

"그래, 지금 운영 중인 채널 이름이 어떻게 되죠?"
"아뇨, 아직 시작은 안 했고요. 이번에 컴퓨터 사고, 카메라 주문해서 시작하려고요."
"음, 그래요. 그럼 어떤 카테고리로 시작하려고 하나요?"
"게임이요. 제가 게임을 좀 잘해요. 그래서 트위치랑 유튜브를 같이 하려고요."

거의 이 대화 순서대로 질문과 답은 이어진다. 이처럼 게임 방송을 하려는 사람이 생각 이상으로 많다. 백이면 구십이 게임 카테고리를 선택한다. 어쩌면 이 책을 읽는 여러분도 같은 카테고리를 생각하고 있는지도 모르겠다. 그만큼 게임 카테고리가 얼마나 레드오션Red Ocean인지 알아야 한다. 앞에서 충분히 잔소리했지만, 콘텐츠에 관한 잔소리는 계속 이어갈 생각이다. 그만큼 콘텐츠를 결정하는 게 중요하다. 물론 지금 하려는 이야기의 핵심은 콘텐츠가 아니다.

아직 아무것도 준비하지 않은 상태에서 고가의 장비부터 사려는 마음도 사실 이해가 된다. 아니, 이해하려고 한다. 사실 이것에 관한 잔소리도 다음에 또 할 예정이다. 굳이 이해하려고 한다면, 고가의 장비를 구매하면서 무조건 유튜브를 시작하겠다는 당위성을 갖기 위해서라고 생각한다.

유튜브 채널도 열지 않고 잘 안 되면 어떡하냐고 두려운 마음을 털어놓기도 한다. 그 마음도 이해한다. 아직 채널을 열지도 않고 유튜브 운영을 걱정하는 것은 새로운 도전에 대한 불안함 때문일 테다. 누구나 무엇을 시작하려고 할 때 불안한 마음이 들기 마련이다.

그런데 가장 근본적인 마음가짐 하나는 짚고 넘어가야겠다. 다시 나는 질문을 하나 던진다.

"유튜브를 하려는 이유는 뭔가요?"

이에 따라오는 답변은 조금씩 다르다.

"사람들과 소통하고 친하게 지내고 싶어서요."

"제 취미 생활을 공유하고 싶어서요."

"그냥 경험 삼아 한번 해보려고요."

보통은 틀린 답이다.

"왜 유튜브를 시작하려고요?"라는 질문에 "유명해져서 돈을 많이 벌고 싶어서요"라고 한 번에 대답하는 경우가 거의 없다. 그저 취미로, 일상을 공유하고 싶어서라는 그들의 답에 "음, 사실은 돈을 벌고 싶은 게 진짜 목적이 아닐까요?"라고 내가 되물으면 대개 약간 쭈뼛대며, '그렇다'라고 대답한다.

'왜 이것을 시작하세요'라는 질문에 '돈을 벌고 싶어서요'라는 본래의 대답을 제대로 하지 못하는 것은 유튜브를 시작하려는 사람들뿐만 아니라 지금 회사에 다니는 직장인이나 심지어는 자영업 하는 사장들에게서조차 마찬가지로 많이 본다. '난 돈 벌려고 장사하는 거 아냐. 그냥 뭐, 요리하는 거 좋아하고 사람들과 소통하는 걸 좋아해서 음식점 하고 네일 샵 하는 거야'라는 정말 말도 되지 않는 이야기를 하는 사람들이 있다.

거짓으로 남을 대하고 부도덕한 방법으로 돈을 버는 게 아닌 이상, 내가 노력하고 나의 시간과 지식과 기술을 투자하여 돈을 버는 것은 남들에게 그 목적을 숨길 만큼 부끄러운 것이 아니다. '소통하고 싶고, 취미로'라는 기분으로 회사에 다니고 장사하는 사람들은 모든 것을 걸고 '돈'이라는 목적을 향해 달려가는 옆 부서의 김 대리와 옆 가게의 박 사장을 이길 수 없다. 장사가 안되는 날에 '뭐, 원래 돈 벌려고 시작한 것도 아니고, 손님이야 오늘 안 오면 내일 오겠지. 난 그냥 취미를 즐기는 것뿐이야'라는 자기 위안은 하루를, 한 달을, 일 년을 허송세월 보내도록 한다.

유튜브 운영도 그렇다. 영상의 조회 수도, 구독자도 늘지 않는 날이 오랫동안 이어졌는데, '뭐, 유튜브 수익에는 원래부터 관심이 없었어. 그저 내가 하고 싶은 걸 올리고 단 한 명의 구독자만이라도, 그들과 소통하는 것이 원래의 목적이었어'라는 대범함을 내세우며, 자기 자존심을 지키려 하는 사람이 많다.

내 채널의 문제점이 뭐고 그것을 어떻게 개선해 나가야 할지 깊이 고민하는 대신, 자존심만 지키려는 목적을 설정하여 시작하는 것은 실패했을 경우 자기 위안이 될 수 있을지는 몰라도 본래의 목적인 '돈을 버는 것'과는 동떨어지게 될 것이다.

유튜브를 시작하려는 목적을 '돈 버는 것'에 두는 것을 부끄러워할 필요가 없다. 유튜브를 시작하려는 누구나 되고 싶어 하는, '실버 버튼'을 가진 국내 수천 명의 유튜버도 그 순수한 '돈을 버는 목적'을 위해 오늘도 열심히 콘텐츠를 구상하고, 촬영과 편집을 하고 있다. 그런 분들 앞에서 '내가 유튜브를 하는 목적은 당신들처럼 돈을 벌려는 게 아니고 순수한 취미 생활과 소통을 위한 것일 뿐이다'라고 이야기할 수 있는가?

부끄러운 것이 아니다. 자신만의 콘텐츠를 이용해 유튜버로서 돈을 버는 것은 정당한 일이다. '왜 유튜브를 시작하려고 해?'라는 질문에 '응, 유명해져서 돈을 많이 벌고 싶어서'라고 당당히 답할 수 있다면, 당신은 이제 유튜브를 할 마음의 준비가 50% 정도는 완료된 것이다.

능력도 운발도
보통입니다만

유튜브로 성공할 마음가짐, 나머지 50%

"그래, 지금 운영 중인 채널 이름이 어떻게 되죠?"

"아뇨, 아직 시작은 안 했고요, 이번에 컴퓨터 사고 카메라 주문해서 시작하려고요."

유튜브를 시작할 때 가져야 하는 마음가짐의 나머지 50%는 이 대화에 그 힌트가 있다.

"아직 시작은 안 했고요, 장비가 다 갖춰지면 시작하려고요."

이렇게 대답하는 손님 중 대부분, 결국 그들이 원하는 장비를 갖추게 되더라도 원래의 목적인 유튜브 영상 제작은 뒤로 미뤄버리고 게임에 빠져들어 또 그렇게 하루, 한 달을 보내버리고는 한다.

몇 차례 반복해서 이야기하고 있지만, 유튜브 시작 초반에 중요한 건 좋은 카메라도, 멋진 촬영 구도도, 세련된 편집도, 멋진 목소리의 더빙도 아니다. 콘텐츠다. 많은 분이 공감할 수 있고 부담 없이 받아들일 수 있는 콘텐츠가 중요하다. 정작 콘텐츠에 관한 고민은 전혀 없고, 어떤 카메라를 사고 어떤 마이크, 어떤 조명을 살지만 고민하는 많은 예비 유튜버를 보고 있으면, 답답한 마음을 감출 수 없다.

그 고민의 반만큼이라도 영상의 소재를 찾는 데 고민한 적이 있는가?

'요즘 통째로 닭 한 마리 먹방이 유행이라니, 먹방을 해볼까?'

'키즈 채널이 잘된다던데, 조카들 데리고 한번 해볼까?'

'배틀그라운드가 유행이고 연예인도 많이 하니 나도 해볼까?'

'아이폰이나 갤럭시 관련 조회 수가 높던데, 테크 리뷰를 해볼까?'

'마블 영화 리뷰 영상 조회 수가 터지고 있는데, 나도 영화 리뷰를 해볼까?'

그러면서 이어지는 고민을 나에게 이야기한다.

"그런데 허수아비님, 그런 분야들은 이미 선점하고 있
는 대형 유튜버가 많아서 힘들겠더라고요."

알면서, 알면서 왜 고민은 거기에 멈춰 있는 것인가. 이미
레드오션이 되어 버린 카테고리라는 것을 알고 있고 도전이
망설여진다면, 다른 대안을 생각해봐야 할 게 아닌가. 장사
가 안되는 가게, 구독자가 늘어나지 않는 다른 유튜브 채널
을 보고 그 원인에 대해서 날 선 비판은 잘하면서, 어떻게 자
신의 상황은 극복할 방법을 생각해 내지 못하는 걸까.

블로그와 유튜브를 밤새 뒤지며 어떤 장비를 살까 고민할
시간에 당장 손에 쥐고 있는 휴대 전화를 이용해서 무엇이든
지 찍어보고 편집해보고 업로드해보고 반응을 보라는 것이
다. 당연히 알려지지 않은 채널이라서 댓글을 남겨주는 사람
조차 없을 수도 있다. 그렇다면, 누구보다 냉정하게 내 영상
을 평가해 줄 수 있는 사람을 찾아라. 그 냉정한 평가자를 고
르는 데 있어 부모님, 애인, 후배는 반드시 배제하기 바란다.
차라리 사이가 좋지 않은 형제자매, 친구가 있다면 그들의
평가가 가장 정확할 것이다.

다행히도 모든 인간관계가 너무나 좋아 나의 영상을 비판적으로 분석해줄 단 한 명의 사람도 없다면, 당신은 정말 행복한 삶을 사는 중이니 유튜브를 시작하기보다는 인간관계의 폭을 더 넓히고 그것을 무기로 활용하는 것이 성공에 다다르는 더 좋은 길일 것이다.

하지만 그것은 절대 있을 수 없는 일이다. 그게 인생이고 그게 인간관계이다. 분명히 당신은 어디서든 자신이 만든 영상의 부족함과 개선점을 뼈아프게 지적해 줄 조언자를 쉽게 찾을 수 있을 것이다. 그런 속 쓰리고 얼굴 붉어지는 평가를 앞으로 받게 될 수많은 악플에 대응하는 연습이라 생각하고 겸허하게 받아들이며, 개선의 방안을 찾아내도록 하라는 말이다.

악플을 감내하겠다는 각오와 일단 바로 첫 영상을 올려보겠다는 마음가짐이 되어 있다면, 이제 유튜브를 시작할 준비가 충분히 되었다. 손에 쥐고 있는 휴대 전화의 동영상 앱을 실행해보자.

유튜브가 장사에
미친 긍정적인 영향

얼마 전에 중소기업센터에서 진행하는 '소상공인의 디지털 전환을 위한 프로젝트줄여서, '소야호 프로젝트'' 교육 과정의 하나로, 강연을 해줄 수 있겠느냐는 연락을 받았다.

주제에 넘치지만, 유튜브라는 플랫폼을 장사에 접목한 나름의 성공 사례로, 나를 선정해 준 것에 감사하고 그 경험담을 여러 소상공인에게 전달해 드리겠다는 막중한 사명감이 들어 흔쾌히 받아들였다.

혹시 강연이 무산되어 버린다고 해도 충분히 여러분에게 좋은 경험담을 전해줄 수 있으리라 보고 이 책에 강연을 준비하며 정리한 내용을 담기로 했다. 사무국에서 마련한 강연의 목적인 '소상공인이 디지털 콘텐츠를 활용하여 영업에 긍정적으로 영향 끼칠 기회를 주자'라는 의미에 십분 공감한다. 사무국에서 강연 요청한 구체적인 소주제는 크게 세 가지이다.

첫 번째, 자영업을 영위하는 것과 동시에 유튜브 채널을 운영하
면서 겪은 우여곡절.

두 번째, 유튜브 크리에이터로 활동하는 것이 사업장사에 어떤
긍정적인 영향을 끼쳤는지.

세 번째, 장사와 연계한 크리에이터가 되기 전에 어떤 고민과
준비를 하는 게 좋을지.

이상의 주제가 강연을 요청하면서 제시한 내용이다. 사무
국에서 보내준 세 가지 소주제를 보고 20년 전 장사를 처음
시작할 때와 5년여 전 유튜브를 처음 시작할 때, 그 순간들이
두어 달 전의 기억처럼 스치고 지나갔다. 20여 년 전 장사를
처음 시작할 때는 터무니없게도 근거 없는 자신감에 넘쳤고
그로 인해 수많은 시행착오를 겪어야 했다. 지금, 나름 성공
한 자영업자의 한 사례가 되어 나의 경험담을 대중에게 이야
기할 수 있게 된 것에 그저 감사할 따름이다.

하지만 고집이 센 허수아비는 소주제를 다시 정해 버렸
다. 내가 정한 소주제는 다음의 세 가지이다.

첫 번째, "내가 유튜브를 만나지 못했더라면, 지금 나는 어떻게
되었을까?"

두 번째, "촬영도, 편집도, 아무것도 할 줄 모르고 평생 장사꾼으

로만 살아왔는데, 어떻게 유튜브를 시작할 수 있을까?"

세 번째, "유튜브 크리에이터로 활동하는 것이 사업장사에 어떤

긍정적인 영향을 주었을까?"

첫 번째, 맨 처음 이야기할 것은 '내가 유튜브를 만나지 못하였다면 지금의 나는 어떤 모습으로 살고 있었을까'이다. 요즘도 정신없이 하루 영업을 끝내고 집으로 돌아오는 길에 혼자만의 공간인 차 속에서나, 그리고 잠이 들기 직전의 침대 속에서 가끔 그런 생각을 해본다. 내가 만약 유튜브라는 플랫폼을 만나지 못했다면, 어떻게 되었을까?

아니, 만나지 못했을 리는 없다. 요즘 TV보다 흔하게 접하게 된 것이 유튜브이니까. 다시 가정해 보겠다. 내가 만약 유튜브를 지금처럼 적극적으로 나의 장사에 활용하지 못했다면 지금 어떻게 살고 있을까? 처음 가지게 된 생활의 여유로움을 누리지 못하고 있었을 것이다. 그리고 유튜브를 통해 가질 수 있는 그 커다란 가능성을 누리지 못했을 것이다. 수많은 사람을 만나고, 더 많은 경험을 하고, 더 큰 미래를 꿈꾸고 있는 지금의 나를 만나지 못했을 것이다.

유튜브를 통해 얻게 된 경제적인 이점 다음으로 유튜브를

하면서 받은 혜택이 무엇인지 이야기하라면, 이렇게 여러분에게 나의 경험을 전할 수 있는 기회 자체가 바로 그 혜택이라고 이야기하겠다. 항상 청자로서 성공한 사람들의 이야기를 들어야만 했던 입장에서, 이제 나의 성공담을 이렇게 누군가에게 전해줄 수 있다는 것 자체가 내가 받은 혜택이다.

그리고 컴퓨터라는 분야에 국한되기는 하지만, 나름 그 분야에서 가장 빠르게, 많은 정보를 원할 때면 언제든지 얻을 수 있는 것도 혜택이라면 혜택이겠다. 그러면서 일반인보다 먼저 정보를 얻을 수 있는 사람과 관계를 갖고 수많은 전문가와 만나 이야기 나눌 수 있는 것도 혜택이다. 이것이 통장의 잔액이 늘어나는 것보다 내일의 나에게 더 큰 가치를 줄 수 있다는 것을 알기에, 이러한 위치에 이르게 된 것에 더 큰 감사의 마음이 든다.

물론 유튜브를 하지 않았더라면 굳이 경험하지 않아도 됐을 마음의 부침이나 더 큰 무게의 정신적인 압박감을 느끼는 일은 없었겠지만, 어두운 이야기는 접어두고 장사에 끼친 긍정적인 면만을 이 지면에서는 이야기하겠다. 유명해지면 필연적으로 따라오는 힘든 일에 대한 하소연은, 이 글에서는 접어두기로 하겠다.

결론적으로, 내가 만약 유튜브라는 플랫폼을 적극적으로

활용하지 못했더라면, 나는 매달 월세와 아이의 대학교 다음 학기 등록금 걱정으로 잠을 설쳤을 것이다. 옆 동네 빈 가게에 혹여나 경쟁 업종의 간판이 걸리지는 않을지 염려하며 살았던 5년 전의 내 모습 그대로 지금도 그 자리에 머물러 있었을 것이다.

가게만 차리고 음식 맛만 좋으면 손님이 알아서 찾아왔던 과거의 대박집 성공 패턴은 현재 자영업 운영 방식에는 적용할 수 없다. 지금은 돈 한 푼 들지 않는 공짜 플랫폼을 이용하여 나의 힘으로 자신과 자신이 운영하는 가게를 브랜딩하는 것이 가능해진 세상이다. 출발선상에서 어느 방향으로 달려가야 하나 고민하는 이 순간에도 수많은 경쟁자가 그들의 마음이 가리키는 방향으로 달려 나가고 있다. 여러분의 발목을 잡는 것은 잘못된 출발이 아니라, 늦은 출발임을 알기 바란다. 오늘 저녁, 바로 무엇이든 시작하자.

두 번째, 그렇다면 영상 편집은 고사하고 촬영도 제대로 할 줄 모르는데, 어떻게 유튜브를 시작할 수 있을까? 그 방법이 궁금할 것이다. 평생 장사꾼으로만 살아왔는데, 갑자기 유튜버가 될 수 있을까? 의문이 들 것이다.

가게를 운영하는 사장이라면, 모두 하루의 시간 대부분을 매장을 운영하는 데 사용하고 있을 것이다. 대부분의 자영업자에게 뉴스에서 언급하는 주 52시간 근무라든지, 여름휴가, 주 5일제 근무, 대체 휴무일 등의 말은 언감생심 감히 꿈도 꿔보지 못할 것이라는 사실을 잘 알고 있다.

보통 사장들은 기본 하루 10시간은 가게에 매달려 있을 것이다. 주 6일 근무는 당연하고, 대개는 주 6.5일2주에 하루 휴무, 혹은 6.7일한 달에 하루 휴무 출근하고 있을 것이다. 대략 계산해보아도 소상공인 대부분은 적게는 주 60시간 정도, 편의점 같은 업종은 많게는 80시간까지도 근무하는 상황일 것이다. 나의 경우 정확히 주당 59시간을 근무하고 있으니, 다른 자영업 사장들보다는 근무 시간이 적은 편이긴 하다. 유튜브를 시작하기 전에는 주 73시간 근무하였으니, 그때보다는 현재 굉장히 여유 있게 일과를 보내고 있다고 생각한다.

그런 고단하고 긴 영업장에서의 일과를 마치고 돌아와 집에서 보내는 시간은 다음 날 출근을 위해 에너지를 충전하는 것만으로도 부족하다는 것을 잘 알고 있다. 하지만 새로운 시도를 하고자 하는 자영업자가 이 글을 읽고 있으리라 생각하기에 감히 이야기해본다.

유튜브를 장사에 활용할 때 가장 첫 번째로 할 조언은 더 많은 시간을 만들어내라는 것이다. 딱 하루 2시간이면, 충분하다. 그냥 이제부터 투잡을 한다고 생각하라. 퇴근 후에 더 많은 돈을 벌기 위해 한 번 더 출근한다고 마음먹는 게 차라리 편할 것이다.

'하루에 10~12시간을 매장에서 가족을 위해 일하다 돌아왔는데, 또 출근하라고?'

그저 동네에서 컴퓨터 가게를 하다 조금 유명해져서 이 책까지 출간하게 된 허수아비라는 사람의 책을 찾아서 읽어볼 정도인 독자라면, 그 정도 각오는 이미 했을 것이라고 짐작한다.

무작정 많은 시간을 직접적인 행동에 투자하는 것이 반드시 효율적이지 않다는 것은 알고 있지만, 영상을 제작하는 데에는 그렇게 하지 않을 수 없다. 컴퓨터 사용에 능숙하다면, 기본적인 동영상 편집 방법을 배우는 데 하루 2~3시간씩 학습한다고 하여도 최소 일주일 정도 시간이 걸린다. 그리고 기초적인 기술만으로 영상을 편집한다고 해도 하루 2시간을 할애한다면, 8분 내외의 영상 하나를 편집하는 데 4~5일은 족히 걸릴 것이다. 처음 촬영하면, 영상 원본 길이가 최소 30분에서 1시간 이상 될 것이다. 그것을 8분 내외로 줄이고, 자막을 다는 등의 작업을 하는 데에 그 정도의 시간은 반드시 소모해야 한다. 물론 영상 편집 기술의 숙련도는 당연히 늘어날 것이고 편집 시간도 점점 줄어들게 될 것이니 미리 염려할 필요는 없다.

촬영 시간까지 더해서 이야기하지 않는 이유는, 그만큼 촬영에 비해 편집에 들어가는 시간과 에너지 소모가 몇 배는 많기 때문이다. 유튜버에게 있어 소모되는 에너지의 비중은 업로드와 촬영이 30%, 편집이 70%라고 생각한다.

하루 2시간, 내 가게의 명운을 위해 매일같이 2시간을 투자할 각오가 되었다면, 이제 그다음 고민은 콘텐츠일 것이다. 막 시작한 유튜버가 초기에 가장 많이 고민하는 게 어떤 콘텐츠를 만들 것인가, 이다. 그러나 우리 자영업자는 매장을 운영하면서 가게 매출 상승의 도구로 자신을 브랜딩하는데 유튜브를 이용하겠다는 목표가 어쩔 수 없이 뚜렷하므로, 오히려 콘텐츠 고민과 촬영에 관한 스트레스는 다른 유튜버보다 적은 편이라 할 수 있겠다.

보통의 유튜버처럼 등장인물을 섭외하고, 콘티를 짜고, 촬영장을 섭외할 필요 없이, 자신의 가게 안 어디라도 카메라를 들이대기만 하면, 바로 그곳이 이야깃거리를 갖춘 촬영장이 된다.

편의점 사장이라면, 많은 '먹방' 유튜버가 편의점의 새로운 먹거리를 사 와서 소개하고 먹방을 찍으려 할 때, 그들보다 더 빨리 신상품을 소개하거나 가격을 알려주고 맛을 평가해 줄 수 있는 혜택을 쥐고 있을 것이다.

햄버거, 떡볶이, 티셔츠를 리뷰하는 유튜버들이 촬영하고 편집하여 업로드하기 전에 먼저 촬영하고 편집하여 영상화할 수 있는 게, 바로 직접 그 레시피나 티셔츠를 만든 자영업자 여러분이다. 여러분은 그 많은 영상 콘텐츠를 지금까지 다른 유튜버에게 양보해왔던 것이다. 여러분이 만든 요리도 좋고, 직접 디자인한 귀걸이도 좋다. 자동차 정비 과정도 좋고 편의점 음료수 창고 속의 모습도 좋다. 심지어 PC방에서 라면 끓이는 모습도 좋다. 어떤 것이든 모두 좋다. 여태껏 '이게 무슨 유튜브에 올릴 거리가 되겠어'라며 흘려버렸던 수많은 것이 모두 여러분이 가진 고유의 소재이다. 게다가 그 소재는 여러분 자신이 가진 것이므로, 저작권을 염려할 필요도 없다.

애초에 누가 다른 사람이 음식 먹는 영상을 이렇게까지 찾아볼 거라고 생각이나 했겠는가? 다른 사람이 하루 10시간씩 말도 없이 공부하는 모습을 지켜보고 있을 것이라고, 컴퓨터 가게에서 벌어지는 그저 그런 장사꾼의 하루를 수많은 사람이 봐줄 거라고 누가 생각이나 했을까?

여러분이 가진 그 창조적이며 무궁무진한 영상 소재를 이제부터라도 아깝게 흘려보내지 말기를 바란다.

세 번째, 그렇다면 유튜버로서 활동하는 것이 장사에 어떤 긍정적 영향을 끼쳤을까? 이 점도 많은 독자가 궁금해하는 점일 것이다. 앞서 말한 것처럼 긍정적인 혜택의 가장 근본은 세상에 알려지는 것이고, 그렇게 알려지면서 발생하는 수익 상승이다.

수많은 셀럽과 연예인이 채널을 만들고 첫 영상에서 이렇게 이야기한다.

"제가 유튜브를 하는 이유는 여러분과 소통하기 위함이에요."

앞에서도 말했고, 유튜브를 시작한 이래 5년째 이야기하고 있다. 마음에 1도 없는 소리하지 마라. 많은 유튜버가 가장 힘들어하고, 중도에 크리에이터로서의 길을 포기하는 이유 중 첫 번째가 '소통하면서 벌어진 고통의 시간을 참아내지 못해서'이다. 그런데 그런 고통을 수반하는 소통, 그 자체가 하고 싶어서 스스로 유튜브 채널을 개설해 팬들과 일상을 공유하겠다고? 셀럽의 기사들에 혐오스러운 댓글이 달린다는 이유로, 포털 사이트는 연예인 관련 뉴스에 댓글 기능을 아예 차단해버렸다. 그러한데, 나를 비판하는 것에 허락하는 장인 유튜브를 내가 스스로 소통하기 위해 만들었다니…. 말 같지도 않은 소리다. 세상 모든 유튜버가 유튜브를 하는 가장 큰 이유는 돈이다. 조회 수와 협찬 광고로 벌어들이는 돈이다.

'어, 내가 아는 어느 유튜버는 영상에 광고를 넣지 않는데'라고 생각하는 독자도 있을 것이다. 하지만 영상에 광고를 넣지 않는다고 해서 수익이 없을까? 유튜브 시청을 통한 이익도 적지 않게 발생한다. 영상에 광고를 넣지 않는 이유가 단지 수익을 올리지 않으려는 의도인 것은 아니다. 다른 이익을 만들어내는 데 광고를 넣지 않는 게 더 도움이 되거나, 아니면 최소한 이미지 관리를 통한 장기적인 수익을 노리기 때문일 수도 있다.

대개의 유튜버는 크게 두 가지 수익 모델을 가진다.

첫째는 영상의 조회 수와 시청자들의 '도네이션'을 매월 집계해 유튜브 본사에서 송금해주는 월 광고료이다.

둘째는 우리가 흔히 보는 '유료 광고' 태그를 단 영상들을 제작해서 올릴 때 광고주로부터 받는 광고료이다.

우리 자영업 사장님들은 여기에 더해 더 강력한 세 번째 수익 모델을 기대할 수 있다. 이미 짐작하겠지만, 그것은 바로 운영하는 매장의 매출 증대이다. 우리 자영업 유튜버들에게 있어 가장 큰 이익을 창출해주는 것이 바로 이 세 번째, 매장의 매출 증진이라고 볼 수 있겠다.

너무나 감사한 이와 같은 유튜브를 통한 매장의 매출 증진을 지속해서 유지하기 위해서는 몇 가지 반드시 지켜야 할 약속이 있다. 그것은 바로 과장하지 말고, '주작'하지 말고, 거짓으로 하지 말라는 것이다.

써놓고 보니 이 세 가지가 모두 비슷한 말인 듯하지만, 조금씩 다르다. 결론은 매장의 일상을 촬영하고 유튜브에 업로드함에 있어, 진정성이 담겨야 하고 꾸미지 말아야 한다는 말이다. 필요 이상으로, 원래보다 친절한 척할 필요도, 과도한 서비스를 제공하는 설정도 하지 말라는 뜻이다. 우리는 유튜브를 전업으로 하는 전문 유튜버들과 달리 장소가 노출된 매장의 일상을 콘텐츠로 하기 때문에, 누구라도 언제든지 가게에 와서 나와 매장의 현실을 볼 수 있다는 사실을 염두에 둬야 한다. 그런 상황에서 평소에 제공하지 않는 서비스와 웃음을 영상에서만 과도하게 표현해 보이면, 가식적인 사람으로 취급받게 될 것이다.

나도 영상에서 나긋나긋하고 친절한 모습을 최대한 배제하고 올리고 있음에도 불구하고 항상 이런 댓글이 달리고는 한다.

"영상에서는 친절해 보이더니, 실제로 찾아가 보니 까칠하더라."

영상에서도 친절한 모습을 꾸며서 올리지 않고 특별히 연출하지 않은 채 그저 원래의 모습을 보여줄 뿐인데도 이러한 댓글이 달린다. 사람들은 영상 속 주인공이라는 이유 하나만으로 실제 만났을 때 영상과 다른 이중적인 모습을 보일 것이라고 지레짐작해버리고는 선입견을 품고 바라보는 것 같다.

하루 10시간, 한 달, 1년, 10년을 모든 손님에게 칭찬받을 미소와 서비스로 한결같이 대할 자신이 없다면, 그냥 편한 원래 모습 그대로를 영상에 담아 보여주길 바란다. 그렇게 한다면, 결국 나라는 본래의 존재를 좋아해 주고, 내 장사의 원칙에 동감해주는 사람들이 나의 매장과 채널을 방문해 줄 것이다. 이처럼 진정성 있게 처음부터 차곡차곡 영상을 쌓아 나가는 것이 가식적인 모습으로 쌓아 올리는 거짓의 탑보다 더욱더 오래 튼튼히 유튜버로서 자리를 잡고 버텨나가게 해준다고 생각한다.

소상공인이면서 유튜브를 해야 할지 고민하는 여러분에게 다시 말하고 싶다. 고민하지 말고 바로 시작하시라. 유튜브를 하는 데 필요한 세 가지는 시간, 노력 그리고 콘텐츠이다. 이 셋 중 가장 중요한 요소인 콘텐츠를 이미 확보했는데, 주저할 게 뭐가 있겠는가. 가게를 운영하는 사장들은 이미 유리한 고지에서 시작하게 되는 것이나 다름없으니 얼마나 감사한 일인가. 반드시 유튜브를 시작해서 성공해 그 성공을 내 사업장의 매출 증대로 끌어당기기를 바란다.

능력도 운빨도
보통입니다만

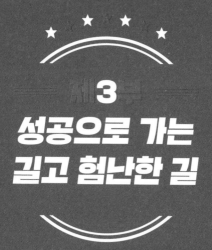

제3부
성공으로 가는
길고 험난한 길

'최선을 다하겠다'라는
말보다 중요한 것

나는 '고고학도'이다. 정확히는 대학교에서 '고고인류학과'를
졸업했다. 그러니까 엄밀히 말하자면, 고고학과 인류학을 합
친 학과를 나왔다. 고향을 떠나 대학을 다닌 탓에 사람이 고
파서였던지 발굴장에서 생기는 이런저런 인연들이 좋아, 1학
년 때부터 줄곧 선배님들을 따라 경주, 성서, 칠곡 등의 발굴
장을 따라다녔다.

　지금 생각해보면, 고고학이라는 학문에 어떤 열정이 있었
던 건 아닌 것 같다. 그저 발굴장이라는 뭔가 신비스러운 공
간과 선배님, 친구들과 매일 MT를 온 것 같기도 한 그 흙먼
지 날리고 땀범벅인 현장과 밤마다 벌어지는 술판이 좋았던
것 같다.

　몇 년을 따라 다닌 발굴 현장과 숙소에서 있었던 많은 일
은 대학 수업이나 책에서는 배울 수 없는 많은 추억과 교훈
과 가르침을 주었다. 꼭 고고학적인 지식이 아니더라도 스무

살의 나이에 다섯 살, 열 살 이상 연배 높은 선배님들과 같이 생활하며, 그 당시 선배님들에게 들었던 인생 이야기는 지금의 나에게도 많은 도움이 되고 있다. 그중 하나, 유독 30년이 지난 지금도 또렷하게 나의 뇌리에 남은 기억이 있다. 내 생에 있어 그 날 이후로 살아가는 방향마저 바꿔버린 그 말….

1990년 여름이었다. 아파트 단지 개발이 예정되었던 대구 인근 어딘가를 지표 조사할 때였나 보다. 발굴 작업을 시작하기 전에는 항상 먼저 측량을 하고, 그다음 지표 검사를 통해 혹시 유물이 지표면에 노출되어 있지는 않은지 간단히 조사한다. 그다음에는 일정 간격으로 '피트Pit'를 파 자연층과 유물층을 구분하고 유적지일 가능성이 있는지 검사한 후 본격적인 발굴 작업에 들어가는 것이 일반적인 순서이다.

그 첫 번째 작업인 측량을 위해 한 학년 위인 89학번 형과 나는 골짜기 몇 개 분의 구획을 할당받았다. 89학번 인성이 형은 '트랜싯Transit'을 보면서 측량을 했고, 1학년인 나는 무전기를 통해 인성이 형이 시키는 대로 이 골짜기, 저 골짜기를 내 키를 훌쩍 넘는 '함척函尺'을 들고 뛰어다니다가 지정한 자리에 높이 세우는 일을 했다. 하지만 기껏해야 학부 2학년과 1학년 학생이 한 조를 이룬 팀의 작업이 제대로 진행될 리는 만무하였다.

두어 시간 정도 시간이 지났을까, 실질적으로 발굴 작업 전체를 책임지는 선배님이 저 멀리에서 골똘한 표정으로 저벅저벅 다가왔다. 학과가 처음 생기고 첫 입학생이었던 하늘 같은 80학번 선배님이었다.

80학번 선배님의 짧은 질문, 그리고 답.

"인성이, 오늘 저녁 6시까지 측량 끝내야 하는데 할 수 있겠나?"

"네. 최선을 다하겠습니다, 선배님."

1학년 후배 앞에서 의기양양한 2학년 선배는 80학번 대선배님의 질문에 약간은 상기된 표정으로 대답하였다. '그래, 훌륭하다. 최선을 다해보아라'라는 격려의 대답을 잔뜩 기대했던 듯하지만, 80학번 선배님에게서 돌아온 대답은 정말 의외였고 놀라웠다.

"야, 인성이. 난 너에게 최선을 다하라고 한 적 없다."

제대로 들지도 못하는 함척을 기우뚱 메고 있던 스무 살의 나에게 이어서 들려오는 이야기는 충격으로 다가왔다.

"난, 너에게 최선을 다하라고 한 적 없다. 네가 이 일을 정해진 시간 안에 할 수 있겠는지 물어봤을 뿐이다. 너의 측량 작업이 끝나야 다음 팀들이 다른 일을 마치고 작업에 들어갈 수 있다. 네가 정해진 시간 안에 일을 끝낼 수 없다면, 추가 인원을 지원해 달라고 하든지, 다른 능력 있는 사람에게 이 일을 넘겨야 해서 물어본 것이다.

네가 최선을 다했는데, 머 어쩌라고. 네가 이 일을 끝내지 못했을 때 '최선을 다했지만 실패했습니다'라고 변명할 준비하는 거냐. 난 네가 최선을 다하든, 놀면서 하든 상관없다. 이 일을 할 수 있는지 없는지를 물어본 것이다.

다시 물어보겠다. 인성이, 그리고 신입생. 이 일을 시간 안에 끝낼 수 있나, 아니면 보충 인원이 필요하나, 아니면 다른 선배 팀에게 이 일을 넘겨줄까?"

아직도 80학번 선배님이 이와 같은 이야기를 하실 때의 눈빛을 기억한다. 후배를 나무랄 목적도, 야단을 치는 것도 아닌, 너무나 명확하게 주어진 업무를 마무리할 수 있는지 묻는 눈빛.

그날 이후 나는 그런 상황에서 그런 질문에 '최선을 다하겠습니다'라는 식의 준비된 대답은 하지 않는다. 그리고 그런 대답을 요구하는 질문을 누구에게도 하고 있지 않다.

최선을 다하겠다는 말은 '나는 최선을 다했으니, 내 잘못이 아니다'라는 변명을 준비하고 있는 것이라고 나는 생각한다. 나의 역량이 부족하다면, 보충 인원이나 시간을 좀 더 달라고 요청하고 그에 따라 업무를 진행하는 것이 자신을 위해서도, 속해 있는 조직을 위해서도 바람직한 행동이라고 생각한다.

능력도 운빨도
보통입니다만

버티고 살아가는 데
감성 충전도 중요하다

나는 매일매일 참으로 열심히 살고 있다고 자신한다. 일에 전념하는 월요일에서 토요일까지의 시간도, 휴식의 날인 일요일 하루도 아낌없이 열심히 살고 있다고 자신 있게 말할 수 있다. 그런 나 자신에게 주는 선물이 있으니, 그것은 매일 1~2시간 정도 감성 충전의 시간을 보내는 것이다.

유튜버에게뿐만 아니라 여느 장사꾼에게도 꼭 필요한 것이 이 감성 충전의 시간이다. 나에게 있어 감성 에너지는 휴대 전화 배터리처럼 사용할수록 충전율이 줄어드는 것이 느껴지는 계량 가능한 에너지이다. 감성과 이성 에너지를 두 개의 큰 통에 넣어 다니다가, 어느 때는 이성 두 눈금과 감성 한 눈금, 또 어느 때는 에스프레소 같은 진한 감성 한 잔 등, 때와 상황에 맞게 채워 넣어야 한다. 보통 이성이라는 녀석은 그저 뉴스를 보고, 밥을 먹고, 잠을 자는 것만으로도 저절로 충전되는 데 반해 감성 에너지는 소모량이 많으면서도 충전소가 그리 많지 않고 충전 시간도 비교적 오래 걸리는 게 항상 문제이다.

게다가 기껏 채워뒀던 감성 에너지는 어쩌다 어느 손님과의 심한 트러블이나 정신이 나갈 것 같이 밀려오는 업무에 혼이 나가 버리고 나면, 한 번에 방전되어 버리는 치명적인 문제가 있다.

장사꾼에게, 그리고 유튜버에게 감성이 없어져 버리는 것은 대단히 심각한 일이다. 감성 없이 손님과 상담하게 되면 바로 기계적이면서 반복적으로 응대하는 나 자신을 느끼게 되고, 손님들도 그것을 당연히 눈치채게 된다. 유튜브 촬영과 편집도 마찬가지다. 감정이 소모되어 버린 채 촬영하고 편집한 영상에는 분말 수프를 넣지 않고 끓인 라면처럼 밍밍함이 담겨 제작할 때의 빈약한 감성을 들켜 버린다. 그래서 감성 충전의 시간은 나에게 있어서 하루에 한 번 반드시 거쳐야 하는 일이다. 혹시라도 바쁜 일상에 쫓겨 그 시간을 가지지 못하게 되면, 그다음 날에는 두 배로 충전 시간을 가져야 하는 것은 참으로 희한한 습관이랄까, 법칙이랄까?

나 나름의 감성 충전 방법을 몇 가지 이야기해보자면, 다음과 같다.

산책 감성 에너지가 방전되었을 때는 성수동 먹자골목을

걷기도 하고, 양화대교를 따라 선유도로 향해보기도 한다.

젊음 감성 에너지가 부족할 때는 신촌이나 홍대로 나가 본다.

웃음 감성 에너지가 바닥났을 때는 넷플릭스에서 〈사이 키쿠스오의 재난〉을 보며, 어이없는 웃음을 짓기도 한다.

사람 감성 에너지가 부족할 때는 명동에서, 바다 감성 에너지는 월미도에서, 행복 감성 에너지는 여의도 한강 둔치에서 각각의 에너지를 채워본다.

낭만 감성 에너지를 채워야 할 때는 비 오는 일요일에 강변북로를 달려보기도 한다.

특히 성공을 향한 열정과 노력 감성 에너지가 줄어들었다고 느낄 때는 잠실에 있는 월드타워에 곧잘 가본다.

사람들이 나에게 "당신은 취미가 뭔가요?"라고 물어보면, 나는 이렇게 대답한다.

"내 취미는 감성 에너지를 채울 수 있는 세상의 모든 것을 해보는 것입니다."

그대는 오늘 소모해버린 감성 에너지를 충분히 채웠는가?

능력도 운빨도
보통입니다만

돈을 써야 돈의 흐름을 알 수 있다

"나는 스타벅스에 가본 적이 없어. 배스킨라빈스도 3년 전엔가 한 번 가봤어. 그런 곳에서 돈을 쓰는 건 과소비야. 돈을 모으려면 그런 낭비를 줄여야 해."

친구들끼리 만나 술 한잔하고 커피나 아이스크림으로 마무리를 할 참이면, 꼭 이렇게 말하는 친구가 여러분의 모임에도 분명히 한두 명 있을 것이다. 아니, 어쩌면 당신이 그런 친구일 수도 있겠다.

나에게도 그런 친구 준영이(물론 가명이다)가 있다. 그 친구 준영이는 평범한 직장을 다니고 있고, 이제 곧 다가올 퇴직을 준비 중이다. 술 한잔으로 이런저런 이야기를 잘 나누다가도 유독 '스타벅스나 배스킨라빈스, 수입 자동차' 이야기만 나오면 열을 내며, 그런 소비 자체가 허영심에 가득 찬 과소비라고 열변을 토하는 친구이다.

그 친구의 말이 전혀 틀린 말은 아니다. 한때 나도 그와 비슷하게 생각한 적이 있다. 돈을 모으기 위해서는 한정된 수입에서 지출을 줄일 수밖에 없는데, 그렇다고 먹고사는 일상적인 생활에서 소비를 줄일 수는 없으니 불필요한 소비, 그러니까 '스타벅스' 등에서 소비하는 것으로 대표하는 일종의 과소비를 최대한 줄여야 한다는 것이다.

'한 봉에 200원짜리 커피 믹스로 대체 가능한데, 왜 스타벅스에 가서 커피 한 잔 마시느라 5,000원을 쓰느냐. 하물며 스타벅스의 탁자와 테이블이 편한 편도 아닌데. 길거리에서 커피가 마시고 싶으면, 근처 편의점 1,000원짜리나 비교적 저렴한 개인 커피숍의 2~3,000원짜리 아메리카노를 마시면 될 것을….'

그런 생활, 과소비라고 일컫는 소비를 줄이는 생활은 이후 스타벅스뿐만 아니라, 제과점, 백화점, 쇼핑몰을 차례로 멀리하는 계기로 이어질 것이고 유명한 맛집이나 이름난 프랜차이즈 음식점, 유명한 관광지를 찾는 여행도 나의 일상에서 멀어지도록 할 것이다.

처음에는 소비하지 않아 쌓인 나의 자산이 늘어나는 것으로 보일 것이다. 스타벅스를 가지 않아 아낀 5,000원, 영화 〈어벤져스〉를 보지 않아 아낀 10,000원, 요즘 '핫하다'는 여행지 방문과 놀 거리를 즐기지 않아 모인 50,000원으로, 그렇게 내 통장의 잔고는 매월 10만 원, 어쩌면 20만 원도 넘게 더 모일 수도 있다.

하지만… 그 이후는? 많은 이견이 있을 수 있겠지만, 그렇게 1년간 아껴 모은 100만 원, 그렇게 10년을 모은 1,000만 원이 우리 가족의 경제 상황을 눈에 띄게 윤택하게 해줄는지는 결코 장담할 수 없다. 내가 10년간 아이들과 놀이공원에서 즐길 비용을 아끼고 가족과 멋진 주말 외식을 포기하며 모은 1,000만 원은 나와 가족이 10년 동안 참아왔던 것들을 보상해줄 만큼 큰 가치가 없게 되어 버린 것이 현재 대한민국의 경제 상황이다.

그렇게 남들 다 가는 멋진 장소에서의 커피 한 잔과 쭉 늘어나는 치즈가 듬뿍 담긴 시카고 피자를 TV에서 눈으로만 맛보고 10년간 참고 참아 모은 1,000만 원이 과연 10년 후에 그만큼 가치가 있을지 장담할 수 없다는 것이다.

앞선 이야기에서 〈무한도전〉의 한 멤버의 말을 반박하며 인용했는데, 같은 인물의 다른 말을 이번에는 공감하는 입장에서 인용해본다.

"티끌 모아, 티끌이다."

나는 그 연예인의 이 말을 농담으로 듣지 않는다. 아껴서 모으는 '자산'은 어쩔 수 없이 현재의 수익을 넘어서지 못한다는 한계를 태생적으로 안고 있다. 주어진 기회를 놓치지 않고 나의 것으로 만들어 기존의 수입 이상의 '돈'을 벌려고 하면, 세상에 돈을 벌 방법은 너무나도 넘친다.

엄청난 가능성과 돈이 우리가 절대 알지 못하는 곳에서 어마어마한 속도로 흘러가고 있다. 그것이 첫 번째 돈의 흐름이다. 평범한 직장인이고 자영업자인 우리는 절대 그 보이지 않는 돈의 흐름에 올라타지 못할 것은 물론이고, 그 엄청난 흐름이 우리 뒤통수를 흘러 지나간다고 해도 눈치조차 채지 못할 것이다. 마치 2차원 평면 세계의 존재들이 입체적 존재인 3차원의 세계를 상상조차 할 수 없는 것처럼 말이다.

'그러면 어쩌란 말일까…?' 의문이 들 것이다. 첫 번째 돈의 흐름은 포기하라는 말을 해주고 싶다. 어차피 그 큰 흐름은 우리와는 상관이 없는 상위 1% 그들만의 리그이다. 우리가 올라타야 하는 것은 그 첫 번째 흐름이 아니라 그 흐름에서 샛길로 흘러나오는 작은 두 번째 흐름이다. 우리와 비슷한 사람들이 어디에 돈을 쓰고 무엇에 관심을 두는지, 어느 곳에서 그들은 망설임 없이 지갑을 여는지, 그 두 번째 흐름은 첫 번째 흐름과는 달리 조금만 눈을 크게 뜨면 쉽게 찾을 수 있다.

어디에서? 명동의 스타벅스에서, 신촌의 배스킨라빈스에서, 스타필드의 스포츠 몬스터에서, 홍대 어울마당로에서, 타임스퀘어의 …, 인천공항의 …, 여의도 더현대 서울의 …, 그 모든 유명한 장소에서 찾을 수 있다. 그리고 히어로Hero 영화와는 동떨어져 보이는데 〈어벤져스〉 '굿즈Goods'를 사기 위해 줄 서 있는 어린 여학생들의 뒷모습에서도 우리는 두 번째 돈의 흐름을 만날 수 있다.

조금만 더 멀리 가면 더 많은 흐름을 찾을 수 있다. 대전 성심당으로, 부산의 해운대로, 자갈치 시장으로, 전주의 한옥마을로, 여수로 가보자. 조금 더 여유가 있다면, 대만이나 홍콩 등 해외로 나가도 좋다. 그곳에 가면 돈을 쓰는 사람들이 있고, 그 돈을 버는 사람들이 있다. 물론 상황이 좋아지면, 가보도록 하자.

그들이 허영이라고 등을 돌린 그 스타벅스나 블루보틀에서 사람들은 돈을 쓰고 있다. 한 잔에 5천 원짜리, 그들이 말하는 그 평범하고 쓴 커피를 그 불편한 의자에 앉아서 말이다. 평생 스타벅스에 가보지 않은 사람은 왜 사람들이 그곳에서 돈을 쓰는지 모를 것이다. 소문난 식당을 먼 길 찾아 가보지 않은 사람들은 평생 모를 것이다. 두 번째 '돈의 흐름'이 발생하는 이유를.

당신이 한 달을 아낀 20만 원과 그 20만 원으로 할 수 있는 새로운 경험, 둘 중 어느 것이 앞으로 '많이 버는 것'에 도움이 되는지는 여러분의 판단 기준에 따라 다를 것이다. 그러나 돈으로 살 수 있는 것은 물건만이 아니다. 경험과 시간도 돈으로 살 수 있다. 가치 있다고 생각되는 것이라면, 그것들을 당신의 돈으로 사라.

그렇다고 나와 우리 가족이 사치나 허영을 부리는 것은 절대 아니다. 영상으로 봐온 많은 분이 알고 있듯 우리 가족의 자동차나 입고 다니는 옷들은 소박하다 못해 많이 낡은 것이 대부분이다. 2년 전쯤 아내에게 그간 고생시킨 미안함으로, 예쁜 차를 한 대 선물했다. 우리 가족의 가장 큰 사치였다.

허영심에 낭비하는 것과 경험과 학습을 위해 소비하는 것은 엄연히 다르다. 내 말은 돈을 낭비하고 허세를 부리라는 것이 아니다. 그 돈으로 더 중요한 것을 사라는 말이다.

"나는 절대 자본주의 마케팅에 속아 넘어간 사람들이 낭비하는, 스타벅스 같은 곳에는 절대 가지 않는다"라며, '과소비 타도'를 주창하는 나의 친구 준영이는 오늘도 돈을 아껴 경험을 사지 않은 자신을 칭찬하고 있을 것이다. 자신의 등 뒤를 스치고 지나가는 무수한 돈의 두 번째 흐름은 놓쳐 버리면서….

두 배를 벌면,
네 배를 저금하는 마술

지금 부모님들의 경제 교육관이 많이 바뀐 것 같지만, 서울 올림픽이 열린 1980년대 후반 버블 경제가 발생할 무렵부터 IMF까지 당시 부모들도 자녀들에게 지금과 비슷한 경제 관념을 교육했다.

"아껴라, 낭비하지 말아라. 은행에 적금 넣고, 쓸데없는 데 돈 쓰지 말아라."

그런데 이러한 경제관은 '틀렸다'라고 나는 감히 말하고 싶다. 다시 말하지만, "티끌은 모아봤자 티끌이다"라는 말을 너무나 많이 실감하고 있다. 아껴서 돈을 모으는 것에는 한계가 있지만, 벌어서 돈을 모으는 것에는 한계가 없다.

쉽게 계산해보자.

한 달에 400만 원을 버는 누군가 평소 300만 원을 소비하고 매월 100만 원을 저금한다고 해보자. '소비 경험' 중 50만 원을 포기하면, 150만 원을 저금할 수 있을 것이다. 그러나 그 50만 원을 통해 미래에 50만 원 이상 추가로 얻을 기회는 아예 사라지는 것이다. 미래의 소득이란, 공짜로 얻어지는 것이 아니다. 가능성은 실패를 포함하지만, 시도하지 않으면 아예 성공도 기대할 수 없다. 현대는 그런 시대라고 생각한다. 경험과 그 경험을 통해 알게 될 정보가 중요한 시대이다.

50만 원이라는 소비 경험을 포기하면, 그로 인해 얻을 보상 또한 없다. 당장 소비를 줄이고자 버린 50만 원의 경험 속에는 어쩌면 500만 원, 5,000만 원을 더 벌 기회가 담겼을 수도 있다. 흔히 우리는 2배로 돈을 벌면 그만큼 더 저금하게 된다고 생각한다. 하지만 그렇지 않다. 자금은 수익이 늘어나는 것의 제곱으로 늘어난다.

객관적인 수치를 들 수는 없지만, 경험상 느낀 수치를 적어보겠다.

수익	소비	남는 돈 자금 축적
400만 원	300만 원	100만 원
800만 원	400만 원	400만 원
1,600만 원	600만 원	1,000만 원
4,000만 원	1,000만 원	3,000만 원

수익이 늘어나면 당연히 소비 규모도 늘게 된다. 개인마다 소비 증가의 규모는 차이가 나겠지만, 대략 예상할 수 있는 수준으로 계산해보면 위의 표와 같다. 월 300만 원 소비하던 사람이 갑자기 월 1,000만 원 이상 소비하는 건 쉽지 않다. 아마 막상 돈이 생겨도 어떻게 돈을 써야 할지 몰라서 쓰지 못하게 될 것이다. 물론 보통 과소비라고 칭하는 것 이상으로, 유흥에 돈 쓰는 버릇이 든 사람은 예외이다.

월 4백만 원의 수익이 있는 사람이 월 3백만 원을 소비하면 월 1백만 원의 자금을 축적할 수 있지만, 2배인 8백만 원의 수익이 생기면 소비를 4백만 원까지 늘린다고 해도 축적 자금은 4배인 4백만 원으로 늘어나게 될 것이다. 만일 소득이 그 10배인 4,000만 원이 된다면, 소비를 지금의 3배로 늘린다고 해도, 자금 축적 금액은 지금의 30배인 3천만 원이 될 것이다. 예상할 수 있겠지만, 매월 1,000만 원만 축적할 수 있다고 해도 그렇게 모은 금액을 가지고 다시 자금을 더 불릴 기회는 무궁무진하게 많다. 이쯤 되면, 수익이 제곱으로 늘어간다는 게 어떤 의미인지 깨닫게 되었을 것이다.

서민들이 마트에서 유통기한이 다 되어가는 30% 할인 우유를 사고 좋아하지 않는 브랜드지만 1+1 이벤트를 진행하는 제품을 선택하며 아무리 아껴서 저금해도, 소득을 몇 배씩 늘려 자금을 축적하는 부자들을 따라갈 수 없는 이유가 바로 이것이다. 소비를 줄이는 고통보다 소득을 2배로 늘리는 고통이 어쩌면 더 가벼울 수도 있다는 것을 깨닫기를 바란다.

누군가는 이런 말을 할 것이다.

'어이, 당장 소비를 줄이는 것이야 마트에서 물건 하나 덜 사면 되고 옷 한 벌 덜 사면 되지만, 소득을 늘리는 것은 내가 원한다고 되는 게 아니잖아….'

잘못된 군소리는 아니다. 하지만 현대는 기회의 시대이다. IMF 시절 이전처럼 허리띠를 졸라매기만 하는 게 미덕인 시대는 지났다. '소비의 미덕'이라는 말이 있을 만큼 좋은 소비는 우리 사회를 풍요롭게 한다. 현대는 그런 시대이다. 온갖 곳에 기회가 널려 있다. 물론 무작정 소비만 한다면, 아무것도 남는 게 없는 상황에 빠질 것이다. 소비를 통해 기회를 포착하고 좋은 인간관계를 형성하려고 노력해야 하며, 소비를 소득으로 승화시켜야 한다.

여전히 아껴야만 잘산다고 생각하는 분은 그만 이 책을 덮기를 바란다. 계획했던 가족 외식을 취소하고, 아이에게 주

려던 생일 선물 구매를 취소하고, 그저 돈을 절약할 방법에 더 집중하길 바란다.

물론 소득을 늘리는 것은 쉽지 않다. 게다가 성공이라고 할 만큼 부유한 삶을 살게 되려면, 끊임없이 도전하고 기회를 잡으려고 무던히 노력해야 한다. 각 개인이 지닌 능력에 따라 더 쉬울 수도, 더 어려울 수도 있으며, 어쩌면 운도 따라야 한다. 그러나 적당한 소비 없이는 기회를 잡을 행운도 따라오지 않는다. 소비하며 인생을 즐기고 즐기면서 고민하다 보면, 반드시 기회를 잡을 시점이 도래할 것이다. 더 벌게 되어 발생한 추가적인 소비는 다시 또 더 많은 경험이라는 무기로 나에게 돌아올 것이다.

아끼는 것보다는 더 버는 것이 쉽다.

능력도 운빨도
보통입니다만

다른 이의 성공에서
성공법을 배우자

「돈을 버는 사람들의 습관」

「다섯 가지 습관이 부자로 만든다」

「90일 완성, 돈 버는 습관」

「30대에 해두어야 할 일」

「20대 때 필요한 습관」

「당신을 가난하게 만드는 나쁜 생각 몇 가지」

　인터넷에 '돈 버는 습관', '성공하는 습관'이라고 검색하면 쉽게 찾아볼 수 있는 글의 제목이다. 위의 제목으로 검색되는 몇 가지 글의 내용을 요약해보면 다음과 같다.

　- 처음 돈을 벌었을 때 그 돈을 쓰고 싶은 유혹에서 벗어나라.

　- 돈에 대한 정확한 목적과 비전을 가져라.

　- 소비를 줄이는 것보다 소득을 늘리는 것에 집중하라.

- 구체적인 적금 금액과 최종 목표를 먼저 세워라.

- 야근 수당과 추가 근무 수당으로 돈을 벌려는 생각을 버려라.

- 월급에 만족하지 마라.

- 주변인보다는 더 나은 사람의 충고를 들어라.

- 진짜 성공의 의미를 명확하게 정하라.

- 잠시 멈추고 쉴 때를 깨달아라.

- 가까운 사람들과의 상대적 빈곤에 괴로워하지 마라.

- 부자를 비판할 시간에 지금 나의 소득을 높일 수 있는 실천적
  방법을 찾아라.

- 부정적, 냉소적 무기력함을 자신의 무기로 삼지 마라.

이 외에도 성공하고 돈을 버는 방법에 관한 글과 기사가
무수히 넘친다. 나는 이런 기사들을 일부러 찾아서 보고 있
지는 않지만, 포털 사이트를 볼 때 메인에 노출되어 있으면
꼭 클릭해서 읽어보는 편이다. 그리고 꼭 이런 글에 달린 댓
글들도 읽어본다. 댓글 중 열의 아홉은 항상 이런 식이다.

"너는 그렇게 하고 있냐."

"야, 네가 그렇게 잘났으면 너는 부자겠네."

"그래서 너는 강남에 집 샀냐."

"앉아서 이런 글이나 싸지르면서 기자라고 월급 받겠네."

"네가 직장 다녀봐라. 이런 재테크할 시간 있는지."

"부자들은 이런 기사 읽지도 않아."

"현실도 모르고 이런 글이나 올리는 기자들 참 한심합니다. 현실은 월급 모아 이자 내기도 힘듭니다."

"야, 이 정도 기사는 중학생도 쓰겠다. 전혀 현실적이지 않거든."

지나치게 비판적인 반응이 많다. 나름대로 이런저런 부침이 많은 인생을 살아온 나로서는 대개의 이런 기사가 참으로 가슴에 와닿는다. 하지만 댓글 대부분은 참으로 비판적이고 냉소적이고, 혐오적이다.

취준생 시절에 『20대에 꼭 해야 하는 20가지』라는 제목의 책을, 직장 대리 시절에 『30대에 꼭 해야 할 30가지』, 과장 시절에 『40대에 알아야 할 40가지』, 이런 제목을 달고 나온 책들을 편견 없이 끝까지 읽어본 적이 있는가? 아니, 그런 책은 고사하고 인터넷 기사의 한 토막이라도, 그러니까 '돈 버는 기술', '성공하는 방법'이라는 기사의 한 꼭지라도 제대로 읽어본 적 있나? 그저 제목만 보고 내가 겪어보지 못한 것에 관한 내용과 충고가 막연히 언짢게 보여서 내가 가지지 못한 것에 관한 아쉬움과 부러움을 짜증으로 대신 채우며, 내가 도달하지 못한 곳에 있는 사람들을 나의 위치로 끌어내려 내 마음의 불안함을 없애려 하는 것은 아닌가?

친구들과 술자리를 하다 보면 비슷한 이야기를 참 많이 듣는다. 성공한 사람들의 이야기가 나오면, 자신들이 보지 못한 그들의 노력과 습관에 공감하고 배우려는 자세보다는 일단 비판하고 깎아내릴 생각부터 하는 친구가 있다. 아니, 사실은 많다. 예를 들어, 어느 선배나 후배가 대학의 전임강사가 되었다고 하면 그 사람의 학창시절 부족했던 이야기부터 꺼내고, 어느 친구가 부장이나 이사가 되었다고 하면 그의 철없던 과거 이야기를 끄집어내 험담부터 하기 시작하는 그런 친구가 많다.

나도 그랬다. 나 역시도 30대 후반까지는 주변에, 속칭 잘나가고 돈 많이 벌었다는 사람이 있으면 내가 알지 못하는 그 사람의 '노력의 과정'을 배우려 하진 않고, 일단 그 사람이 성공한 원인을 그저 '운'이 좋아서라고 깎아내렸다. 그 '운'은 언젠가 그 사람을 떠날 수도 있다고 떠들었다. "지가 지금이야 좀 잘나가지, 언제까지 잘나가는지 보자"라는 식의 질투심을 숨기지 못해 겉으로 드러내곤 했다.

넘치는 질투심으로 냉소적인 나의 모습, 그로 인해 오히려 자조라는 수렁에 빠진 나의 모습, 배우려 하기보다 지적하려 하고 칭찬하기보다 까 내리기에 바쁜 나의 모습에서 벗어나 그 성공한 사람들에게 진정 축하의 마음을 보내고 그들의 성공법을 배울 마음의 준비가 될 때 나는, 당신은, 우리는 그들 중 한 사람이 될 시작점에 비로소 서게 된다.

다시 한번 우리 자신을 되돌아보자. 주변에 성공한 사람들에게 진심으로 축하를 보내고 그들에게 배움을 얻고자 한 적이 있던가. 내가 절대 가질 수 없을 것 같은 것을 가진 그들의 성취에 좌절감을 느껴 증오라는 방어책으로 비판하고 깎아내리며, 자위하고 있는 내 모습을 거울 속에서 보지 않았던가.

인정할 부분은 인정해주자. 타인의 성공을 축하해 주고 노력이 아니라 설혹 '운'이 좋아서 안정된 자리에 서게 된 것처럼 보일지라도 그 사람들에게 배울 것이 무엇인지 찾아보자. '운'이라고 생각했던 그 성공으로 가는 승차권이 나에게 찾아왔음에도 눈치채지 못하고 날짜 지난 할인 쿠폰처럼 뒷주머니에 꾸겨 넣어져 버려지지 않도록, '운'을 구분하고 그것을 주머니에서 꺼내는 방법을 배워보자.

요즘 시대에서 성공을 이야기할 때 좋은 직위와 높은 급여, 모아둔 자산을 빼놓을 수 없을 것이다. 여기서 나도 그런 기준으로 성공을 이야기했지만, 물론 성공의 기준을 단순히 하드웨어적인 것으로만 국한할 수는 없다는 데 동의한다. 우리 인생에 소프트웨어도 중요하다.

나의 결정에
책임을 진다는 것

'아이쿠야, 꿈이구나.'

나는 두 번 나온 입대 영장에 울며불며 끌려가는 꿈 외에 잊을 만하면 꾸는 꿈이 하나 더 있으니, 바로 다시 회사에 들어가는 꿈이다.

꿈속에서 나는 어두컴컴한 지하 피시방의 사장이 아닌, 예전에 다녔던 회사의 그 사무실 그 자리에 말끔한 차림새의 회사원으로 앉아 있다. 그리운 예전 회사의 선후배와 동료들을 만나고 그들과 업무에 관해 이야기를 나누며 구내식당에서 점심을 같이 먹고, 퇴근 후 소주와 삼겹살을 먹으며 못다한 이야기를 나눈다. 그런 한참의 그리움에 빠져있다가 잠에서 깨어나면, 나의 현실은 지하 조그만 창고 같은 작은 피시방의 사장이었다. 정확히는 허울만 좋은 이름뿐인 사장.

예전의 회사 다닐 때 꿈을 자주 꾸었던 것은 아마도 외로

움과 경제적 어려움 때문이었을 것이다. 나는 사람들과 어울리는 것이나 회식을 좋아하는 데다가 몸이 피곤할 땐 이불 속보다는 명동이나 강남의 분주함 속에서 사람들과 부대끼며 에너지를 얻는 편인데, 사람과 조직을 떠나 햇볕 한 자락 제대로 들지 않는 작은 지하 피시방에서 온종일 계산대에 멍하니 앉아 오늘도 누가 돈 안 내고 도망치지나 않을까 긱정이나 하고 있었으니….

회사에 다닐 때는 대기업 계열사라는 그늘에서 번듯한 양복을 차려입고 꼬박꼬박 나오는 월급과 보너스에 크게 부족할 것 없는 나였는데, 그때의 나는 집사람에게 생활비도 제대로 주지 못하는 망해가는 작은 가게의 직함만 남은 사장일 뿐이었다. 힘들다며 불평하고 떠나고 싶었던 그때 그 시절이 뼈저리게 그립고, 퇴사를 결심했던 과거의 나를 책망하고 싶었던가 보다.

사람이 하는 모든 결정에는 대가와 후회가 따를 수밖에 없다. 설혹 그 결정으로 좋은 결과를 이루게 되었더라도 그렇게 하지 않았다면 더 좋은 또 다른 일이 벌어지지는 않았을까, 하는 아쉬움으로 항상 후회가 남을 수밖에 없다.

물론 내가 그때 회사를 박차고 나오지 않았다면, 지금의 허수아비는 없었을 것이다. 하지만, 또 그저 그 자리에서 버티고 있었다면 나의 인생에 지금과 다른 좋은 삶이 펼쳐지지는 않았을까, 하고 경험해보지도 못한 나의 과거를 아쉬워하는 것이다. 그게 사람의 마음이다.

우리는 매일 결정하며 살아간다. 점심 메뉴나 넥타이 색깔 같은 일상적인 것뿐만 아니라 인생의 방향이 달라질 만한 중요한 결정들도 눈앞에 쌓여 있다. 그중에는 남은 인생을 모두 걸 만한 중요한 결정도 있다. 그 결정들의 결과는 누구도 알 수 없다. 5년, 10년 후 누군가는 오늘 내린 결정에 감사할 것이고 어떤 이는 어제 내린 결정에 눈물지을지도 모른다.

하지만 그 감사와 후회의 차이는 어제, 오늘 내린 결정에서 비롯되는 것이 아니고, 오늘부터 그 세월을 어떻게 보내는가에서 비롯된다. 많은 사람이 계획을 빗나가버린 현실에서 지난 과거의 결정을 후회한다. 하지만 진정 후회해야 할 것은 그날의 결정이 아니고, 그날 이후 기울인 '노력'과 '열정'의 부족함이라는 것을 잊지 말아야 한다.

노력이 부족하여 실패했음을 이해하고 반성한다면 내일의 자신은 그 부족함을 채우기 위해 노력하며 성공에 한 발자국 다가설 테지만, 오늘의 실패를 10년 전 결정 내린 과거의 자신에게만 책임을 지운다면 앞으로 10년 동안도 지금까

지와 별반 다르지 않은 공허하고 헛된 망각의 시간을 보내게

될 것이다.

인생에는 'Ctrl + Z'가 없다.

글을 마치며…

2년 전 부족한 첫 번째 책을 출간하고 그 인연으로 마포 도
서관에서 독자와의 작은 이야기 자리를 마련했던 적이 있다.
자리를 준비해준 출판사 직원들이 참가자분들께서 작성한
사전 질문을 취합해 주었는데, 그중 몇 가지 꼭 답하고 싶은
질문이 있어 2년이 지난 지금 다시 끄집어내 본다.

질문지를 보면서 알게 된 건, 지나온 나의 삶만 맨발의 자갈
밭처럼 힘들었던 게 아니라는 것이다. 나보다 더한 가시밭
길 위에서 힘들게 살아온 분이 많구나, 하는 것과 과거에 내
가 했던 고민들을 지금의 젊은이들도 마치 타임 루프에 갇힌

영화의 주인공처럼 반복해서 하고 있다는 것을 알게 되었다. 그리고 내게 던진 질문 몇 가지를 하나로 요약하면, '허수아비, 너는 어떻게 그 부침의 시간을 이겨내 지금의 성공한 자영업자가 된 것이냐? 나에게도 그 방법을 알려다오'였다.

마포 도서관에서 강연하기 일주일 전 어색한 장소에 미리 익숙해지려고 찾아갔던 그곳에서 마침 운 좋게도 TV 프로그램 〈알쓸신잡〉의 출연진이었던 정재승 교수님의 강연을 보게 되었다. 그날 정재승 교수님이 해주신 여러 훌륭한 말씀 중 유독 기억에 남는 것이 하나 있다. 뇌에 주름이 많은 이유는 뇌의 표면적을 넓게 하기 위함이라는 이야기였다. 주름이 많을수록 그 사람의 뇌는 더 넓은 표면적을 가지게 되어 더 높은 지능을 가질 가능성이 크다고 하셨다.

우리의 삶도 마찬가지라고 생각한다. 실패, 고통, 분노, 화,

인내, 이런 것들로 인해 생긴 삶의 기록인 주름이 내일의 나에게 큰 자산이 될 것이다. 그 수많은 삶의 부침과 경험으로 생긴 상처로 많은 주름을 지니게 된 나는 여러분에게 이렇게 말하고 싶다.

"제가 그랬습니다. 저 역시 그 무수한 경험의 주름을 하나씩 만들어 왔고, 그 주름이 새겨지는 고통을 이겨낸 시간을 이제야 보상받고 있습니다. 지금, 삶의 주름이 새겨지는 고통에 힘들어하는 여러분도 언젠가는 그 주름이 멋진 앞날로 가는 길에 펼쳐질 빨간 양탄자가 되어 줄 그 날을 반드시 마주하게 될 것입니다."

나는 이 책에서 '라노벨'이나 '이세계 판타지물'에서나 가능한 허무맹랑한 이야기를 하려는 것이 아니다. 도덕적 완벽함을 유지한 채 겹쳐 발생하는 우연의 도움을 받아 마왕을 무찌르는 희생정신 가득한 절대 선을 가진 용사의 이야기를 하려는 것이 아니다. 보통 사람이 겪어온 부침과 그것을 이겨온 과정, 그 방법을 이야기하고 싶은 것이다.

밤에 보는 한강 위 다리들은 참으로 아름답다. 그 아름다운 어느 한강 다리에는 절망의 끝에서 자신을 포기하려고 찾아온 사람들을 위로하기 위해 훌륭한 정치인, 대종상을 받은 연예인, 경제인, 예술가, 스포츠인들의 멋들어진 조언을 적어두었다고 한다. 하지만 시적 표현을 한껏 더한 그들의 멋들어진 조언 몇 마디가 절망의 끝에서 한강 다리를 찾아온 사람들에게 공감을 주고 희망과 격려의 메시지를 전달해 줄 수 있을까? 어떻게 해도 결국 성공할 수밖에 없는 그들의 성공담은 우리 소시민들에게는 그저 판타지일 뿐이다.

절대적인 성공을 보장받은 사람들의 성공담이 평범한 우리

에게 희망을 주지 못하겠지만, 더 이상 물러설 곳 없는 실패
에서 현재에 이른 작은 컴퓨터 가게 사장의 성공담은 어떨
까? 정말 평범한 사람의 성공 이야기는 희망을 포기한 이들
에게 작지만 소중한 힘과 용기를 주지 않을까?

그런 마음으로 부족한 나의 성공 이야기를 이 책에 담아보았
다. 경험에서 얻은 성공에 관한 이 이야기가 단 한 분에게라
도 희망의 불씨가 되어 재도약의 디딤돌이 될 수 있다면, 그
것만으로도 나는 감사하겠다.

"기회는 반드시 올 것입니다. 보란 듯이 성공해 버리세요."

"버텨주셔서 감사합니다."